# Adressatengerechte Kommunikation in der Schule

Das DISG-Persönlichkeitsmodell im Schulalltag

Stephanie Lade

# Adressatengerechte Kommunikation in der Schule

## Das DISG-Persönlichkeitsmodell im Schulalltag

Stephanie Lade

Bibliografische Information der Deutschen Nationalbibliothek:
Die Deutsche Nationalbibliothek verzeichnet diese Publikation in der Deutschen Nationalbibliografie; detaillierte bibliografische Daten sind im Internet über http://portal.dnb.de abrufbar.

ISBN 978-3-96103-509-0



www.rediroma-verlag.de
12,95 Euro(D)

# Inhalt

## Kommunikationsstrukturen im Arbeitsfeld Schule

Das vorliegende Buch beschäftigt sich mit der adressatengerechten Kommunikation im Arbeitsfeld Schule.

Zunächst geht es um theoretisches Hintergrundwissen zu dieser Thematik. Der zweite Buchteil entstand aus der Praxis für die Praxis. Hier geht es nicht nur um Einschätzungsbögen und Evaluation. Hier finden Sie auch praktische Tipps für den Umgang mit Situationen, die Sie möglicherweise als kritisch einstufen.

Adressatenbezogene Kommunikation richtet den Fokus auf die Beteiligten in der Schule. Tagtäglich finden Hunderttausende Kommunikationssituationen statt – allein in einer Schule mit rund 800 Schülern.

Da lohnt sich ein Blick auf die beteiligten Personen in diesem Arbeitsumfeld. Sollten Sie aktuell selbst in einer Schule arbeiten, kennen Sie vermutlich alle Beteiligten. Da sind zunächst einmal die sich in der Überzahl befindlichen

Schüler, ihre Eltern und Erziehungsberechtigten. Es folgen Schulsozialarbeit, Inklusionslehrer, Förderlehrer, Inklusionshelfer, die Verwaltungsangestellten im Bereich Sekretariat, Hausmeister, Reinigungskräfte, Lehrkräfte und Schulleitung, um zumindest mal die wichtigsten Beteiligten zu benennen, die in einer Schule aufeinandertreffen.

Es herrscht also eine sehr große Heterogenität in der Schule vor, sowohl durch die vielen unterschiedlichen Gruppen von Menschen als auch innerhalb der einzelnen Gruppierungen.

Genau dadurch ergibt sich auch das Risiko für Probleme und damit ein hohes Konfliktpotential. Dass es an Schulen reichlich Konfliktpotential gibt, weiß jeder, der in einer schulischen Einrichtung arbeitet, egal welcher der genannten Gruppierungen er oder sie angehört.

Um in Schule etwas zu bewegen und Konfliktpotential zu reduzieren gibt es viele Ansätze. Bisher wird meines Erachtens jedoch zu wenig Wert auf eine adressatengerechte Kommunikation gelegt.

Selbstverständlich sprechen Sie mit Kindern und Jugendlichen anders als mit Ihresgleichen. Für diese Feststellung benötigen Sie kein Fachbuch. Ich habe jedoch den Eindruck, dass den Abläufen in der Kommunikation und der Art wie gesprochen wird, zu wenig Aufmerksamkeit geschenkt wird.

*Ein Schüler kommt während des Unterrichts ungefragt nach vorne und zerbricht vor der sprachlosen Lerngruppe den Besenstiel des Klassen-Besens: „So, das haben Sie nun davon, dass ich hier bin!" (O-Ton. Männlich, siebte Klasse).*

*„Warum heulen Sie nicht endlich und gehen raus? Dann hätten wir unsere Ruhe!" (O-Ton. Männlich, achte Klasse).*

In diesem Buch soll auch der Persönlichkeit des Einzelnen Rechnung getragen werden und ein neuer Ansatz für adressatengerechte Kommunikation in der Schule vorgestellt werden.

So können Sie in diesem Fachbuch Hilfen erwarten, um mit den Menschen, gleich welcher Gruppe sie angehören, in der Schule besser zurechtzukommen, professionell und gelassen zu kommunizieren und so Transparenz zu schaffen. Der entspannte Umgang mit fordernden Schülern, besorgten und aufgebrachten Eltern in Sprechstunden aber auch in konfliktbehafteten Situationen mit Kollegen und der Schulleitung wird ebenfalls in diesem Buch behandelt.

Halten wir folgende Kommunikationsstrukturen einmal fest im Kommunikationsmodell Schule.

Dabei reduziere ich aus Gründen der Vereinfachung das Modell auf die Schüler, Eltern, Lehrkräfte und die Schulleitung. In Wirklichkeit haben noch viel mehr Menschen Teil an diesen Strukturen Teil.

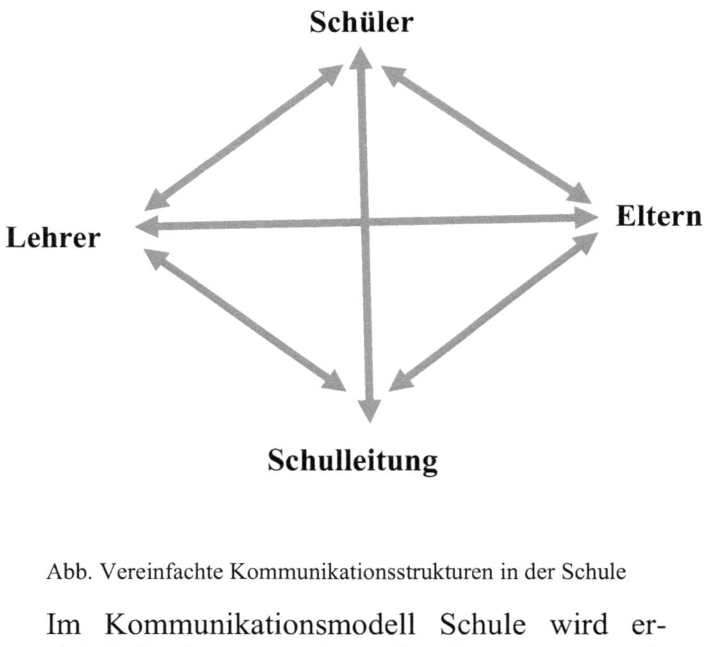


Abb. Vereinfachte Kommunikationsstrukturen in der Schule

Im Kommunikationsmodell Schule wird ersichtlich, dass zwischen alle Gruppen untereinander ein reger Austausch stattfindet. Sogenannte „Einbahnstraßen der Kommunikation" gibt es in der Schule nicht.

In jeder Schule, egal welcher Schulform, kommt das Modell zum Tragen.

Es gibt nicht nur die verschiedenen Gruppen mit oft divergierenden Interessen und Vorstellungen. Innerhalb jeder Gruppe gibt es eine noch viel größere Heterogenität. Schüler unterschiedlichen Alters, mit unterschiedlicher Nationalität, verschiedenen sozio-kulturellen Werten, verschiedenen Elternhäusern und dergleichen treffen aufeinander. Es sind nicht nur jene Aspekte, die zu einer inneren beziehungsweise äußeren Leistungsdifferenzierung führen, sondern auch die tagtäglich sich verändernden Aspekte, wie zum Beispiel Motivation, Wille, Durchhaltevermögen, aktuelle gesundheitliche Verfassung und Stress im privaten oder schulischen Umfeld.

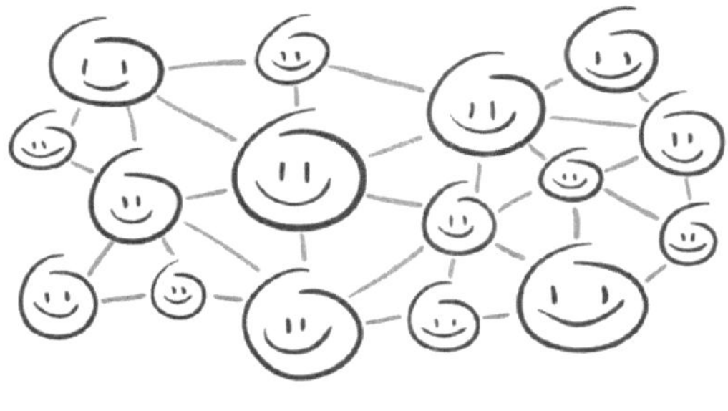

Hier können wir noch viele weitere Aspekte auflisten. Doch das würde an dieser Stelle zu weit führen. Sie wissen schließlich selbst, was alles Einfluss auf die Tagesverfassung hat.

Konflikte in der Schule müssen ihren Ursprung gar nicht *in* der Schule haben. Sie können genauso gut morgens vor der Schule ihren Ursprung haben und dann den Schulvormittag belasten. Der Ort, an dem die Konflikte ausgelebt werden, ist allerdings oftmals die Schule. Hier treffen Menschen mehr oder weniger unfreiwillig aufeinander, sie werden in Lerngruppen zusammengesetzt, ein Gleichklang des Lernens ist erwünscht zu einer vorgeschriebenen Unterrichtszeit. Diese Faktoren begünstigen ebenfalls Konflikte, da sie einem gewissen Zwang unterliegen. Kommen schulische und private Ungunstfaktoren zusammen, treten Konflikte offenkundig zu Tage.

*Schüler spannt einen Gummi zwischen den Fingern als Zwille und belädt sie mit aufgeschnittenen Tintenpatronen. Als die ersten neben der Lehrerin an der Tafel aufschlagen und alles verschmutzen: „Ich hasse Euch alle, Mann!“ (O-Ton. Männlich, achte Klasse).*

Nun könnten wir über das Schlechte am System Schule und über die Ungunstfaktoren vor Ort lamentieren aber dies würde nicht viel verbessern. Sie können sich aber auf den Weg machen und Dinge vor Ort an Ihrer Schule verbessern. Neben Dingen, die Sie nicht verändern können, gibt es auch Bereiche, in denen Sie tätig werden können. Ein Bereich ist die Verbesserung Ihrer adressatenbezogenen Kommunikation. Insbesondere in Konfliktfällen kann sich hiermit Einiges erreichen lassen. Das Gute ist, dass Sie dafür niemanden sonst benötigen. Nur Sie alleine können an Ihrer Kommunikation etwas ändern.

Konfliktbeladene Situationen können fast alle im Lebensraum Schule arbeitende große und kleine Menschen aufzählen.

Nur, wenn Sie sich das Konfliktpotential genauer ansehen, erkennen Sie mögliche Zusammenhänge und können steuernd eingreifen. Ich möchte keine Lanze brechen für die besorgten Eltern, die überlasteten Lehrkräfte, die ebenso überlasteten Schulleitungen, die Ministerien, die Schüler und alle, die in der Schule mit anpacken. Dieses Buch ergreift keine Partei und macht andere nicht schlecht, nicht Lehrer, nicht Schüler, nicht Eltern und nicht Schulleitungen. Niemand ist alleine schuld daran, dass es nicht immer so »läuft«, wie es wünschenswert wäre.

*Schülerin ruft die Klasse zum Boykott auf. Niemand tut darauf hin etwas, noch nicht einmal ein Mäppchen auspacken. „Ist das scheiße für Dich? Und jetzt, wenn wir alle abhauen? Was machste dann? Ist dann scheiße, gelle?! – Los Leute gehen wir!" (O-Ton. Weiblich, sechste Klasse) – Anmerkung: Gegangen sind sie dann doch nicht.*

Vielleicht macht Sie das folgende Zitat eines Pfarrers und Schriftstellers neugierig, das Buch durchzulesen um dann selbst auf neue Art und Weise entspannter und professioneller als bisher am Arbeitsplatz Schule zu bestehen. Ich wünsche Ihnen alles Gute dabei.

»Wo kämen wir hin, wenn alle sagten, wo kämen wir hin, und niemand ginge, um zu schauen, wo man hinkäme, wenn man ginge.« (Kurt Martin).

## Konfliktpotential in der Schule

Dieses Kapitel soll das leisten, was es ist, nämlich eine sachliche Darstellung möglicher Konfliktfelder. Ich gehe im weiteren Verlauf des Buches davon aus, dass Sie selbst in irgendeiner Form mit dem Lebensraum Schule etwas zu tun haben. Im Idealfall sind Sie als Lehrkraft oder Schulleitung aktiv und interessieren sich für die Lösung von Konflikten im Umfeld Schule, also auf dem Pausenhof, im Klassensaal, im Sozialtrainingsraum aber auch an den vielen anderen Orten in einer Schule. Sie werden in der Lage sein, nach der Lektüre dieses Buches sofort etwas an der momentanen Situation zu ändern.

*Schülerin wirft ihr Wurstbrötchen nach vorne an die Tafel „Verpiss Dich, ich seh nix Bitch!" (O-Ton. Weiblich, neunte Klasse)*

Suchen Sie als Leserin oder Leser ausschließlich Negativ-Schlagzeilen, benötigen Sie ausschließlich Bestätigung, wie unmöglich es an »Ihrer« Schule zugeht und möchten Sie weiter auf das schlechte Schulsystem schimpfen, wird das Buch Sie enttäuschen. Schimpfen kann jeder. Doch durch Schimpfen alleine wird die Situation sich nicht verbessern. Natürlich wissen wir alle, dass es Einiges gibt, was verbesserungswürdig ist aber manche Dinge sind nicht so ohne Weiteres von jetzt auf gleich zu verbessern, da Schulsysteme komplexe Systeme sind, deren Verwaltung und Organisation sehr aufwendig ist. Durch diesen Umstand reagieren solche Systeme häufig »träge« auf Veränderungswünsche. Es liegt schlicht daran, dass viele Menschen innerhalb des Systems auf ministerieller Ebene aber eben auch vor Ort im Kollegium an Entscheidungsfindungen, Beschlüssen und deren Umsetzung beteiligt sind.

Es ist dennoch nur natürlich, dass sich die Beteiligten in den Schulen vor Ort schnelle Lösungen wünschen. Manche davon lassen sich zeitnah ermöglichen, andere benötigen deutlich mehr Zeit und teilweise auch kostspielige (manchmal fehlende) Investitionen.

Dieser Ratgeber lädt ein, sich mit den Menschen am Arbeitsplatz Schule auseinanderzusetzen. Wenn wir Ihrer Schule auch nicht sofort durch Finanzmittel oder Änderungen eingefahrener Konventionen helfen können, so kann das

Buch Ihnen Hilfen anbieten im Umgang mit Konfliktsituationen im schulischen Alltag, ein Verständnis für die Problemfelder, mögliche Konfliktherde und der professionelle Umgang damit.

*„Ey, Alda, ich schwör, ich raste aus! Schule ist einfach assi" (O-Ton. Männlich, fünfte Klasse).*

Folgende Menschen finden Sie üblicherweise an einer Schule:

- Schüler
- Eltern
- Lehrkräfte
- Schulleitung
- Schulverwaltung
- Hausmeister
- Reinigungskräfte
- Schulsozialarbeit
- Inklusions- und Integrationshelfer
- weitere

## Die Schülerschaft

Nun, was soll ich sagen? Es ist die bei Weitem größte Gruppe der an der Schulgemeinschaft mitwirkenden Menschen. Kleine und große Leute, die etwas lernen sollen und möchten. Zumindest gehen wir großzügig davon aus, dass Schüler auch gerne etwas lernen wollen.

*Hmmm ... Ich kann es auf Ihrer Stirn bereits sehen: Diese Runzeln da, die waren eben noch nicht da. Sie kennen also tatsächlich auch Schüler, die nicht partout nicht lernen wollen! – Trösten Sie sich, Sie sind damit nicht allein und deswegen können Sie die Runzeln wieder hübsch glattziehen.*

Worin bestehen zumindest einmal aus Schüler-Sicht Konfliktpotentiale? Sie lassen sich ohne ausschweifendes Jammern über die »schreckliche« Schule in eine übersichtliche Form bringen. Etwa so:

Schüler werden unfreiwillig miteinander und in großer Zahl in Klassen zusammengefasst. Diese fortan als Schulklasse oder Lerngruppe bezeichnete Ansammlung sich nicht immer grüner Menschlein werden nun auf engstem Raum (Problemfeld Raumgrößen) zu festgelegten Uhrzeiten (Unterrichtszeiten) und in Augen der Schüler oft zu höchst ungünstigen Zeiten dazu gezwungen, kooperative und einem guten Klassenklima dienliche Verhaltensweisen an den Tag zu legen und zu lernen, während sie oft ganz andere Dinge im Kopf haben:

- den Streit mit dem Freund / der Freundin,
- die schlechte Note, für die es Ärger gab,
- das fehlende Interesse am »langweiligen« Unterrichtsstoff,
- die Angst von anderen nicht gemocht zu werden,
- der Hunger, weil es zu Hause kein Frühstück gab oder weil man sich schlank hungern muss um schöner auszusehen wie die Konkurrenz,
- den Ärger über eine ungerechte Note,
- das tolle Wochenende, das bevorsteht, um den getrenntlebenden Elternteil wieder zu sehen,
- Sorgen um Freunde, Familienangehörige und dergleichen,
- verschlafen / Bus verpasst,
- …

*„Komm schon, die kann dir nix! Lass dich von der Lehrerin ned dissen!“ (O-Ton. Weiblich, fünfte Klasse)*

Es gibt sicherlich noch zahlreiche Beispiele dafür, was für Stress Schüler morgens bereits aushalten müssen, wenn sie zwangszusammengesetzt einem Unterricht folgen sollen, der sie vielleicht gar nicht interessiert.

*Nein, nicht den Kopf schütteln! Denken Sie daran, wir wollen niemanden in Schutz nehmen für rüpelhaftes Verhalten, Aggression und für störendes Verhalten. Wir wollen hinsehen, wo der Schuh drückt und Verständnis dafür in dem Sinne erlangen, als dass wir versuchen zu verstehen, woher Schüler ihr teilweise skurriles Verhalten haben, das wir uns als Lehrkräfte, mich eingeschlossen, oft nicht sofort erklären können. Nur dann, wenn Ihnen klar ist, dass auch Schülerinnen und Schüler morgens mit dem falschen Fuß aufstehen, abgehetzt ankommen, dann feststellen, dass etwas Wichtiges zu Hause vergessen wurde, dass auch Ängste und Sorgen um schulische aber auch private Situationen einen Heranwachsenden völlig überfordern können, nur dann können Sie professionell damit umgehen.*

*Und nein, das bedeutet nicht, dass Sie deswegen tatenlos zusehen müssen, wie ein Halbstarker vor Wut schäumend den Besenstiel zerbricht, eine Schlägerei anzettelt, Ihnen böse Dinge an den Kopf wirft oder zur Bedrohung der Klassengemeinschaft wird.*

Eskaliert ein Konflikt derart, dann können Sie sich weiter hinten im Buch mit dem nötigen Handwerkszeug rüsten, um Konflikte zu entschärfen. Sie werden staunen, was alles möglich ist, wenn man erst einmal wirklich verstehen will, was in der Schule manchmal schiefläuft.

*„Die Kollegin ist heulend raus. Kommen Sie schon, das packen wir bei Ihnen auch noch!“ (O-Ton. Männlich, zehnte Klasse)*

## Elternschaft

Besorgte und fordernde Eltern sind manchmal der „Angstgegner“ Nummer eins von Lehrkräften und Schulleitungen. Auch sie sind mit vielen Dingen nicht zwingend einverstanden. Die Söhne und Töchter dieser Eltern sowie der Schulalltag können Anlass zur Sorge sein. Eltern sind genauso verschieden wie ihre Kinder. Auch Eltern kann man nicht über einen Kamm scheren. Manche treten fordernd auf, weil sie Angst darum haben, dass ihr Kind das Klassenziel beziehungsweise den Abschluss nicht schafft. Andere haben wiederum Angst, dass ihr Kind schlecht behandelt wird von Kollegen oder Mitschülern. Eltern sorgen sich darum, wenn Kinder sich plötzlich zurückziehen und nur noch in ihrer Peergroup »abhängen«.

Angst und Sorge der Eltern versperren den Blick für das Wesentliche.

Viele Anlässe, warum Eltern von sich aus das Gespräch suchen, gehen in diese Richtung. Manchmal müssen Sie als Schulleitung oder Lehrkraft die Eltern von Sorgenkindern im weitesten Sinne auch in die Schule zum Gespräch einladen. Hier spiegelt sich dann Ihre Sorge, dass das Kind Minderleistungen erbringt oder durch sein Sozialverhalten den Unterricht »sprengt« oder anderen Schaden zufügt.

## Schulleitung

Ja, auch auf die Schulleitung muss man unbedingt einen Blick werfen. Sie sieht sich all diesen Konfliktfeldern ebenfalls gegenüberstehen. Sie muss darüber hinaus auch noch die Lehrkräfte im Blick haben, die sich ebenfalls untereinander nicht immer grün sind. Es gibt Streitereien, offene und verdeckte Konflikte, die schlechtesten Falls über einen längeren Zeitraum vor sich hin schwelen und irgendwann die Stimmung im Kollegium so vergiften, dass Kooperation und das Ziehen an einem Strang nur schwer möglich sind. Während Kollegin A. offensiv ihre Vorstellung von der Arbeit im Sozialtrainingsraum vorträgt und diese um jeden Preis durchsetzen will, berührt Frau K. dahingehend eher die Frage, ob man dort nicht etwas für eine heimeligere Atmosphäre etwas tun könnte, Blumen beispielsweise. Herr S. ist mehr an den Fakten interessiert, nämlich ob sich die Zahlen aus der Statistik mit seinem Gefühl decken, dass sich die Trainingsraumbesuche ins Unermessliche steigern, was darauf schließen ließe, dass die Schüler nicht nur gefühlt, sondern tatsächlich immer schlimmer werden.

Kennen Sie ähnliche Situationen? Im Kollegium knistert es oft aus ähnlichen Gründen, wie bei Schülern. Der eine Kollege ärgert sich darüber, dass die junge Referendarin im Raum neben ihm stets abgehetzt und viel zu spät kommt, so, dass er regelmäßig durch auf dem Flur herumtobende Kinder gestört wird. Frau F. stellt regelmäßig ihr dominantes Wesen in den Vordergrund.

*... Herrlich, nicht wahr? Sie werden doch nicht etwa auch die ein oder andere Lehrkraft aus ihrer Schule wiederentdeckt haben?*

Das sind auch Konfliktherde, mit denen die Schulleitung zu tun hat, denn sie muss dafür Sorge tragen, dass eine gute Arbeitsatmosphäre herrscht, so dass Unterrichtsqualität nicht unter den Animositäten und Konflikten des Kollegiums leidet. Sie führt Personalgespräche genauso wie Elterngespräche und lädt Schulsozialarbeiter und Inklusionskräfte an einen runden Tisch.

Wissen Sie was? - Schulverwaltungsangestellte, Hausmeister, Schulsozialarbeiter und Integrations- bzw. Inklusionshelfer stehen vor ähnlichen Aufgaben. Die pampige Reaktion eines Mittelstufenschülers gegenüber der Sekretärin, die sein Mobiltelefon sicher verwahrt, bis die Eltern es abholen kommen, bietet genauso Konfliktpotential wie den provokativ vor dem Hausmeister zerstörten Mülleimer aus Kunststoff. Auch diese Personengruppen sind fest eingebunden und erleben genau wie Sie mit allen anderen Personengruppen Konfliktsituationen.

*„Wir wollen Sie endlich mal toben und schreien sehen. Los doch!“ (O-Ton. Weiblich, achte Klasse).*

## Lehrkräfte

Zur Gruppe der Lehrkräfte muss nicht viel gesagt werden. Lehrkräfte sitzen gewissermaßen zwischen den Stühlen, da sie es sehr vielen Gruppen in der Schulgemeinschaft recht machen sollen. Da sind einmal die Eltern. Sie erwarten guten Unterricht und einen fairen guten Umgang mit den Schülern und Eltern.

Sie sollen die Vorgaben der Schulleitung und anderen Institutionen wie der Landesfachkonferenz und dergleichen umsetzen. Sie müssen die Leistungsnachweise einfordern und machen sich allein deswegen bereits bei einer Vielzahl an Kindern und Jugendlichen unbeliebt.

Dem entgegen stehen außerdem Interessen der Schülerinnen und Schüler, die sich Hausaufgabenfreiheit wünschen und größtenteils zumindest eine Abneigung gegenüber dem schulischen Lernen und den Leistungsüberprüfungen hegen.

Kurz: An Lehrkräfte werden eine Vielzahl von Erwartungen gestellt von Kindern, Eltern, Kollegen und Schulleitung. Sie alle zur Zufriedenheit aller umzusetzen ist wenig realistisch.

Alle im Lebensraum Schule tätigen Menschen, Kinder, Jugendliche wie Erwachsene aller Gruppen tragen durch persönliche, private und schulbezogene Konflikte dazu bei, dass es immer und an jeder Schule, gleich welcher Schulform, zwischen allen Beteiligten zahlreiche potentielle Konfliktherde gibt. Nicht alle Konflikte arten aus. Manchen können Sie aus dem Weg gehen. Andere müssen Sie berufsbedingt bewusst eskalieren lassen, um Ihrem Erziehungsauftrag gerecht zu werden.

Natürlich möchten Sie von Ihren Kindern gerne gemocht werden aber da Sie nicht primär als Freund oder Freundin der Schüler auftreten, wird das nicht immer möglich sein. Machen Sie sich das bewusst, vor allem in Situationen, in denen Sie intervenieren müssen, um größeren Schaden zu verhindern. Bei mindestens einem Schüler werden Sie sich sicherlich unbeliebt machen.

Ihre Motivation in Ehren, mit Kindern und Heranwachsenden sehr gut auskommen zu wollen und ihnen auf Augenhöhe und eher freundschaftlich begegnen zu wollen: Sie werden nicht dafür bezahlt, von allen Ihren Schülern gemocht zu werden. Das klingt für den einen oder anderen sicherlich hart, insbesondere für die harmoniesüchtigen Kolleginnen und Kollegen. Aber es ist es wert, dass Sie sich diesen Umstand immer wieder bewusstmachen. Sie werden bezahlt für guten Unterricht, Ihre pädagogischen und didaktischen Überlegungen und ein Stück weit für Ihre Bemühungen zum Erziehungsauftrag, den Schule nun einmal hat.

In der Folge sollten Sie also auf die Einhaltung von Regeln bestehen und Regelverstöße konsequent ahnden. Es ist Ihre Entscheidung, welche besonderen Regeln zusätzlich bei Ihnen gelten sollen. Kommunizieren Sie diese deutlich und verfolgen Sie sie konsequent. Es ist sehr wichtig, dass Sie darin nicht nachlassen, sondern bei einer klaren Linie bleiben. Diese darf natürlich dem Alter der Kinder angemessen sein aber auch kleine Kinder lernen durch die Erfahrung: Diese Regeln gelten bei dieser Lehrkraft und sie gelten für alle zu jeder Zeit ausnahmslos. An Grenzen können Kinder wachsen.

Ich gebe Ihnen recht, dass das Arbeitsklima und der »gute Draht« zu den Schülern Ihre Arbeit bereichern und befriedigen kann, aber nicht um den Preis, dass Unterrichtsstörungen oder sonstige Regelverstöße die Oberhand gewinnen.

*„Wir grillen! Wir grillen" (Sprechchöre als dabei IM Unterricht plötzlich die Arbeitsblätter verbrannt werden).*

## Verbale und nonverbale Kommunikation in kritischen Situationen.

Zu einer adressatenbezogenen Kommunikation gehört der Einsatz der Körpersprache. Ihr Körper kommuniziert unentwegt. Niemals schweigt er. Wenn Ihre sogenannte nonverbale Kommunikation kongruent ist zu dem was sie sagen, wirken Sie glaubhaft.

*Sagen Sie was Sie meinen und meinen Sie, was Sie sagen!*

*Sprechen Sie laut, langsam und deutlich.*

*Unterstreichen Sie das, was Sie sagen, durch Gesten.*

*Bewegen Sie sich ruhig, raumgreifend und entspannt. Lassen Sie dabei Ihre Schultern hängen.*

*Verstecken Sie sich nicht hinter Schultaschen, Overheadprojektoren oder Büchern. Die Schüler sollen Sie gut sehen können, damit auch die*

*Sprache Ihres Körpers gelesen und verstanden werden kann.*

*Laden Sie Schülerinnen und Schüler mit offener Handfläche nach oben ein, etwas zum Unterricht beizutragen, indem Sie mit der nach oben offenen Handfläche in Richtung des Kindes weisen, das sprechen soll.*

*Überkreuzen Sie Arme und Beine nicht.*

Divergieren verbale und nonverbale Kommunikation, dann ist das Auftreten nicht stimmig. Aus diesem Grund ist es wichtig, sich zunächst mit ihrer Körpersprache ein wenig auseinanderzusetzen. Sie können nämlich ihre Körpersprache gezielt zum Lenken und Führen von Menschen einsetzen.

Ihrem Gegenüber muss zu jeder Zeit klar sein, dass Sie das, was Sie sagen, auch genauso meinen. Senden Sie keine sogenannten Opfersignale aus. Mehr dazu können Sie auch in meinem Buch „Wille trifft Weg!“ nachlesen.

Wir unterscheiden in sichere und unsichere Körpersprache. Eine durch Unsicherheit geprägte Körpersprache zeigt eine verschlossene Körperhaltung, zusammen gezogene Rumpfmuskeln, meist auch verschränkte Arme und verkrampfte Hände. Das Spielen an der Hosentasche und dem Schmuck sind sogenannte Unsicherheitsgesten. Auch ein ausweichender, gesenkter Blick wirkt als Opfersignal. Kommt noch eine unsichere, leise, zitternde oder bebende Stimme hinzu, wirken Sie sehr unsicher.

Versuchen Sie deswegen eine offene Körperhaltung einzunehmen. Halten Sie den Rücken gerade und entspannt. Ihre Arme sollten Sie seitlich locker herabhängen lassen und die Hände sind offen und entspannt. Ihr Blick sollte stets fest und offen sein. Begegnen Sie Ihrem Gegenüber mit Entschlossenheit und Blickkontakt auf Augenhöhe. Die Stimme soll klar, laut, deutlich, verständlich und fest klingen.

Wenn Sie nun gerade feststellen mussten, dass Sie, Hand aufs Herz, eine Tendenz dazu haben, sich verunsichern zu lassen, dann lesen Sie sich die folgenden Gedanken einmal durch.

Machen Sie sich bewusst, dass Sie jederzeit die Kontrolle haben. Warum lassen Sie sich heraus fordern? Bleiben Sie gelassen: Die Situation verbessert sich nicht, wenn Sie hektisch werden und eskalieren. Ganz im Gegenteil: Sie werden dabei genau beobachtet von einer Vielzahl an Kindern und dabei nach Schülermaßstäben bewertet. Lassen Sie sich nicht vorführen oder aus der Reserve locken.

Eine angemessene Sanktion erfolgt durch Sie doch sowieso: Vermutlich werden Sie die Erziehungsberechtigten informieren und eventuell erfolgt eine Schulordnungsmaßnahme.

Hunde haben ein feines Gehör. Selbst, wenn ein Hund nicht auf das erste „Sitz!“ sofort hört, heißt das noch lange nicht, dass er Sie nicht gehört hat, sondern er will gerade nicht hören, weil ihm die Schnauze nach etwas Anderem steht. Sie brauchen also einen Vierbeiner nicht anzubrüllen, denn er hat Sie schon ganz genau verstanden, auch wenn er nicht das macht, was er soll.

Bei Schülern, entschuldigen Sie den Vergleich, ist es da nicht anders. Lassen Sie sich keinen Bären aufbinden, wenn das störende Kind in der ersten Reihe Ihnen glaubhaft versichern will, es habe Sie nur nicht richtig gehört. Die allerwenigstens haben tatsächlich einen Hörschaden.

*„Geh mir aus der Sonne, Hurensohn!“ (O-Ton. Männlich, neunte Klasse. Zerreißt dabei sein Arbeitsblatt).*

Ähnlich sieht es mit dem Stillsitzen in der Klasse aus. Kinder und Jugendliche sind ab der sechsten Klasse durchaus in der Lage nachmittags zu Hause oder bei Freunden zwei Stunden beinahe regungslos vor einer Konsole, dem Fernsehgerät oder einem PC zu sitzen. Wieso sollten sie also nicht ebenso lange in der Schule stillsitzen können? Sehen Sie? Nicht stillsitzen können und nicht stillsitzen wollen sind bis auf wenige Ausnahmen zwei Paar Schuhe.

Ältere Schüler müssen während eines Kinofilms nicht zur Toilette, weil sie den Film nicht verpassen wollen. In der Schule rennt ständig einer zur Toilette? Dann ist den Schülerinnen und Schülern Ihr Unterricht nicht wichtig genug. Ja, das klingt hart aber genauso ist es. Schüler legen für sich selbst fest, was ihnen wichtig ist und was nicht.

Fragen Sie mal den Fußballtrainer dieser Kinder, ob an einem Sonntagnachmittag beim Turnier die Kinder auch alle fünfzehn Minuten unerlaubt vom Platz in die Umkleide oder zur Toilette rennen. Sie würden vermutlich ungläubiges Kopfschütteln zur Antwort bekommen.

Also bleibt nur noch die Frage, warum nicht. Warum läuft das morgens in der Schule so anders? Wir kommen in jedem Fall überein, dass die Kinder in ihrer Freizeit wesentlich mehr können, als sie uns morgens in der Schule weismachen wollen.

Folgerichtig muss es also der nächste logische Schritt sein, herauszufinden, wie man Kinder und Jugendliche dazu bekommt öfters zu wollen.

Sollen Sie darauf eine treffende Antwort gefunden haben, dürfen Sie gerne dem Verlag schreiben. Er leitet die Anregungen sicherlich gerne weiter.

Jede Lehrkraft kennt Kinder und Schulklassen, bei denen das Nichtwollen und Produzieren von Ablenkungen aller Art im Vordergrund stehen. Bisweilen herrscht kreatives Chaos hinter den geschlossenen Türen zu Unterrichtsräumen. Das Wollen werden Sie diesen Überlegungen nach nur schwerlich erzwingen können. An dieser Stelle soll nicht für oder gegen eine Alternative oder die vorgeschlagenen Varianten argumentiert werden. Jede Lehrkraft muss für sich selbst einen geeigneten Ansatz finden. Da jede Lerngruppe eine sehr heterogene Klasse ist, wird es notwendig sein auf verschiedene Weisen an die Lerngruppen heranzutreten.

*„Die wird voll rot. Alda! Isses Ihnen peinlich, wenn wir über die Länge unserer Schwänze reden?“ (O-Ton. Männlich, zehnte Klasse).*

Es gibt drei oft gewählte Wege, damit umzugehen:

- Sie appellieren an Einsicht, was oft nicht von langer Dauer ist.
- Sie üben erheblichen Druck aus und erzwingen Gehorsam. Das kann gelingen ist aber sehr anstrengend.
- Sie ignorieren Störungen und ertragen Chaos und Anarchie. Das geht ebenfalls auf Ihre Lehrergesundheit und über Kurz oder Lang werden die Schüler Ihnen sprichwörtlich nicht nur die Wurst vom Brot nehmen, sondern das Brot gleich mit. Sprich: Sie bekommen keinen Fuß mehr auf den Boden, wie man so schön sagt.

Achten Sie bei allem, was Sie vor einer Lerngruppe tun, unbedingt auf eine deeskalierende Körpersprache: Ihre offenen Handflächen vermitteln die Botschaft, dass Sie unbewaffnet sind und vor allem friedlich.

Das ist deswegen so wichtig, weil die Schülerinnen und Schüler den gesamten Vormittag, also mehrere Stunden, gefühlt nichts Anderes zu tun haben, als Lehrer zu beobachten.

Gerade dann, wenn Sie regelmäßig herausgefordert werden und Ihre Rolle als „Chef oder Chefin im Ring“ behaupten müssen, ist es sinnvoll einen Blick auf Ihre Körpersprache zu werfen. Je schlüssiger sie in brenzligen Situationen ist, umso erfolgreicher treten Sie auf. Ihre Körpersprache muss des Weiteren umso schlüssiger sein, je weniger Ihr Gegenüber das gesprochene Wort (ganz unerheblich, in welcher Sprache) versteht.

Ihre Körpersprache können Sie zum Beispiel in klassischen Alltagssituationen einsetzen, wie sie in Schule häufig vorkommen:

- Einfordern von Aufmerksamkeit und oder Ruhe,
- Aufforderungen etwas zu tun oder zu unterlassen (sich setzen, einen Raum zu betreten, einen Raum zu verlassen, ...) Aufforderung etwas zu beenden).

Schüler brauchen klare Ordnungsrahmen und Struktur im Alltag. Klare Regeln strukturieren den Schultag. Sie stehen nicht im Widerspruch zu offenen und schülerzentrierten Unterrichtsformen, sondern regulieren und ordnen einzelne Phasen des Unterrichts. Kurz Regeln sind wichtig. Ihre Einhaltung einzufordern hat nichts mit Gemeinheit zu tun, sondern mit Konsequenz. Konsequenz ist Teil der erfolgreichen Lehrerpersönlichkeit und für Sie „überlebensnotwenig“ um am Arbeitsplatz Schule gut und gesund bestehen zu können.

Seien Sie Sie selbst und versuchen Sie nicht, andere Kollegen zu kopieren. Laufen Sie nicht als zweitklassige Kopie eines anderen herum. Sie merken selbst genau, was zu Ihnen passt und was nicht. Das trifft insbesondere auf die Art der Strenge zu, mit der Sie Konsequenzen auf das Nichteinhalten von Regeln folgen lassen.

*„Du bist echt voll krank, Pauker!“ (O-Ton. Weiblich, siebte Klasse). Sprechchöre erklingen „Krank – krank – krank -...“ Dabei werden Stühle herumgeworfen.*

Fragen Sie einmal nach, wie der Traum-Lehrer in den Augen von Heranwachsenden aussehen muss und Sie werden erfahren, dass Konsequenz und Strenge nicht fehlen. Natürlich stehen keine Hausaufgaben ganz weit vorne auf der Agenda. Versuchen Sie gar nicht erst, es allen Schülerinnen und Schülern recht machen zu wollen. Wenn Sie es doch tun, sind Sie nicht authentisch, sondern Sie müssen sich verbiegen. Das geht auf Dauer von Ihrer Lehrergesundheit ab, da sie dann ineffektiv arbeiten.

## Regeln in der Schule

Hängen Sie die Klassenregeln oder Schulregeln im Unterrichtsraum auf. Achten Sie darauf, dass es sich um eine überschaubare Zahl handelt.

Legt eine anerkannte Gruppe zu der ein Schüler gehört oder gehören will fest, dass der Unterricht gestört werden muss, dann werden die Mitglieder dieser Gruppe stören.

Als Lehrer stehen Sie immer sehr einsam auf der einen Seite des Pultes. Es soll Sie nicht verunsichern aber machen Sie sich klar, dass die

Schüler in der Überzahl sind. Lassen Sie es bei großen und älteren Schülern nicht so weit kommen, dass mit aller Gewalt an Ihrem Thron gerüttelt wird.

Sie sind der Chef, das muss allen im Raum jederzeit präsent sein.

So oder so haben Sie es nicht immer leicht, gruppendynamische Prozesse dieser Art zu beeinflussen. Ich kann ihnen nur ans Herz legen, Regelverstöße mit aller Konsequenz und am besten sofort zu verfolgen. Ja, das ist lästig, insbesondere, wenn es zu viele Regeln gibt. Deswegen sollten Sie die Zahl der Regeln tatsächlich auf einen Minimalkonsens bringen, der dennoch nicht allzu viele Möglichkeiten der Auslegung bietet.

In etwa so:

- Jeder Schüler hat das Recht ungestört zu lernen.
- Jeder Lehrer hat das Recht ungestört zu unterrichten.
- Jeder hat die Rechte des anderen zu achten.

Machen Sie sich immer bewusst, dass Sie nicht bezahlt werden, um von allen Kindern gemocht zu werden. Das ist nicht möglich und auch nicht gewollt.

Sie werden bezahlt für guten Unterricht und ihre pädagogische Arbeit. In der Folge müssen Sie alle Regelverstöße ahnden, die den drei Regeln zuwiderlaufen.

Es ist Ihre Entscheidung wie streng und mit welchen Maßnahmen Sie sanktionieren aber tun Sie es. Ich gebe Ihnen natürlich Recht, dass Arbeitsklima und der „gute Draht" zu den Schülern die Arbeit bereichern und befriedigen. Aber nicht um den Preis, den Sie in Form von Unterrichtsstörungen, Beleidigungen und dergleichen bezahlen müssen.

*„Wie jetzt, Vertretung bei Ihnen?! Wir wollen aber nicht von jemandem so Hässlichen unterrichtet werden!" (O-Ton. Weiblich, achte Klasse, nachdem der Vertretungslehrer den Raum betritt).*

Die Bandbreite an Störungen ist groß. Wir sind als Lehrkräfte relativ abgestumpft gegenüber dem, was landläufig als Unterrichtsstörung durchgeht. Wir schütteln erst dann ungläubig den Kopf, wenn eine Störung an Exklusivität nicht mehr zu übertreffen ist.

Regen Sie sich noch großartig darüber auf, wenn ein Schüler Kaugummi kaut? Sehen Sie, im Vergleich zu anderen Störungen, ist das Kaugummi-Kauen kaum noch eine ernst zu nehmende Störung. Um Sie zu irritieren, bedarf es da schon ganz anderer Dinge.

Weil es so schön ist, dürfen Sie hier einmal einige meiner kreativen Unterrichtsstörungen durchstöbern.

*„Schreib isch bei Facebook, dann hassen werden alle sie."*

*„Du bist dran schuld, Bitsch!"*

*„Hast Du Scheiß-Haarschnitt!"*

*„Krieg isch voll Ärger wegen dir!"*

*„Sie sind wohl untervögelt. Sag isch Dein Mann soll er dich hart rannehmen. Dann gibst du vielleicht bessere Noten!"*

*„Sie mobben mich!"*

## Die Bedürfnispyramide nach Maslow

Je nach Art und Weise ist eine gehörige Portion Aggression im Spiel. Für sich genommen ist Aggression nichts Falsches oder Schlimmes. Es kommt allerdings stets auf den Zusammenhang an. Jeder Mensch geht aufgrund seiner persönlichen Erfahrungswerte und aufgrund der Erfahrungen von Mitmenschen anders mit Grenzverletzungen um – alle Beteiligten in einer Schulgemeinschaft. Auch das, was Sie oder die Schülerinnen und Schüler persönlich als eine Verletzung der Grenze wahrnehmen, ist sehr individuell. Wir müssen also immer individuelle Eigenheiten berücksichtigen.

Aggression ist nicht gleichzusetzen mit Gewalt. Aggression kann die Vorstufe zu Gewalt sein und trifft oft im Zusammenhang mit Grenzverletzungen auf. Sie verleiht beim Aufzeigen und Verteidigen von Grenzen oft mehr Gewicht, nicht nur bei Heranwachsenden. Auch Sie können und dürfen Aggression zeigen, wenn es hoch hergeht. Unter Aggression versteht man sowohl feindseliges Verhalten aber auch Erregung um Hindernisse zu beseitigen.

Wie sollen wir also nun mit solchen Umständen besser umgehen? Wir können versuchen, Gründe für ein solches Verhalten zu finden. Verstehen Sie mich bitte nicht falsch: Solche Äußerungen und Verhaltensweisen sind völlig inakzeptabel! Dennoch stellt sich manchmal einfach auch die Frage nach dem WARUM?

„Hast Du Kanacken-Haarschnitt!“ (Männlich, neunte Klasse zum Kollegen, der zwei Schüler stört, die sich gegenseitig mit Permanentmarker Hakenkreuze auf die Unterarme malen.).

Also, warum verhalten sich Schüler so?

- Nicht lernen wollen und deswegen stören / fehlende Einsicht,
- Sich profilieren und andere schlechtmachen, um sich dadurch selbst aufzuwerten,
- Langweile überbrücken (Langweile durch Über- oder Unterforderung),
- Sich in einer Clique beweisen müssen / Sicherung der Anerkennung in einer Lerngruppe,
- Niedere Triebe: Action erleben, wenn Lehrer irgendwann eskaliert,
- Anerkennung um jeden Preis bei der Lehrkraft sichern (notfalls durch negatives Auffallen).

Auch wenn das Verhalten nicht immer nachvollziehbar ist, haben Schülerinnen und Schüler verschiedene Bedürfnisse. Ziel aller „Bemühungen“ ist es diese Bedürfnisse im Allgemeinen und während der Schulzeit im Speziellen zu befriedigen.

In meinem Kursleiterhandbuch Frauenselbstverteidigung gehe ich ausführlich auf die Bedürfnispyramide ein. Im Folgenden versuche ich Ihnen in einem kurzen Abriss aufzuzeigen, warum sich Schüler teilweise so seltsam benehmen, ohne dass diese oder Sie sich der Gründe zunächst bewusst sind.

Jeder Mensch folgt seinen Bedürfnissen mit dem Ziel ihrer Befriedigung. Maslow, ein US-amerikanischer Psychologe hat sich intensiv mit diesen Bedürfnissen auseinandergesetzt und sie zu einer Pyramide zusammengestellt. An der Basis seiner Pyramide stehen die Grundbedürfnisse. Hierzu zählen Essen, Trinken und Schlafen. In der Schule gibt es nur nach einem strengen Takt die Möglichkeit der Bedürfnisbefriedigung, zum Beispiel seinen Durst zu löschen oder etwas zu essen. Dem Bedürfnis nach Schlaf kann man in der Schule nicht nachgeben.

Essen und Trinken gehört in die Pausen, jedoch kommen viele Kinder ohne Frühstück oder Getränk in die Schule; sei es, dass die Zeit fehlt, das Geld oder beides.

Der Basis folgen die Sicherheitsbedürfnisse. Sobald die grundlegenden Bedürfnisse erfüllt sind, strebt der Mensch nach der Erfüllung dieser Bedürfnisse. Im Fokus hierbei stehen der (sichere) Arbeitsplatz sowie ein Platz zum Wohnen. Für Sie mag dies eine Selbstverständlichkeit sein, bei den Schülerinnen und Schülern muss das noch lange nicht so sein. Denken Sie an ungünstige Faktoren im sozialen Umfeld. Vielleicht gibt es aus Sicht der Kinder keinen sicheren Wohnraum, in dem sie glücklich, behütet und zufrieden aufwachsen dürfen.

Materielle Bedürfnisse sind hier ebenfalls verortet. Auch Schutz vor Gefahr und Krankheit sind wichtige Bedürfnisse. Auch hier können wir nicht einfach davon ausgehen, dass dies bei allen unseren Heranwachsenden in der Schule gegeben ist. Immer häufiger scheinen Kinder zu Hause eher vernachlässigt als gefördert zu werden. Es folgen etwa in der Mitte der Bedürfnispyramide als Nächstes die sozialen Bedürfnisse, also Freundschaften und die Zugehörigkeit zu einer oder mehreren Gruppen.

Geltungsbedürfnis und Anerkennung der eigenen Person gehört in die vorletzte Gruppe an

Bedürfnissen. Dies ist also eine Gruppe von Bedürfnissen, die sich für unsere Schülerinnen und Schüler insbesondere in der Schulzeit erfüllen können. Schule kann Fluch und Segen zu gleich sein. Auf der einen Seite suchen und finden sich Kinder in Peergroups, auf der anderen Seite sind das auch die Quellen von Streit, Neid, Eifersucht und sonstigen schlechten Gefühlen.

Die Spitze der Bedürfnispyramide wird vom Bedürfnis der Selbstverwirklichung besetzt.

Sobald die Grundbedürfnisse erfüllt sind, beginnen die Schülerinnen und Schüler sich an den Bedürfnissen der nächst höheren Stufe zuzuwenden. Teilweise überschneidet sich die Befriedigung der Bedürfnisse.

André und Légéron (2001) sagen, dass „(...) Bindungen, Verwurzelung und Halt, die wir bei anderen finden", „(...) eine Quelle der Sicherheit und Zufriedenheit" sind. (André / Légéron).

Machen Sie sich einmal bewusst, wie viele dieser Bedürfnisse auch durch Sie als Lehrkraft erfüllt werden können, angefangen bei dem Bedürfnis nach Sicherheit und körperlicher Unversehrtheit bis zu Lob und Anerkennung der Schülerpersönlichkeit.

Sie haben also ungewollt sehr viel Macht über die Möglichkeit der Bedürfnisbefriedigung. Wie Sie der Bedürfnispyramide entnehmen können, zählen auch soziale Bedürfnisse nach Anerkennung und Zugehörigkeit zu einer Gruppe (zum Beispiel die der Unterrichtsstörer) dazu.

Wird ein Schüler nicht wahrgenommen, dabei ist es egal ob von Seiten der Lerngruppe oder von Seiten der Lehrkraft, wird alles dafür unternommen um „gesehen“ zu werden. Wird der oder die Betroffene dann noch immer nicht wahrgenommen, wird unter Umständen so lange gestört, bis das Ziel nach Aufmerksamkeit erreicht ist.

Störungen aufgrund von Über- bzw. Unterforderung bedürfen keiner weiteren Erläuterungen mehr. Langweile und Desinteresse können damit in Zusammenhang stehen. Störungen sorgen demnach für Spaß und Abwechslung. Wer gar nicht erst lernen will, hat Langweile in Lerneinheiten und stört vielleicht auch deswegen.

Selbstverständlich sind hier Mischformen möglich und die Übergänge sind oftmals fließend. Wenn ein Schüler zu einer Gruppierung dazu gehören will und diese aber beschließt, dass man nur dazu gehört, wenn man den Unterricht stört, dann sind die Folgen absehbar. Der sich nach Anerkennung sehnende Schüler wird so lange stören bis er „gesehen“ wird von den Mitgliedern der Gruppe, zu der er gehören will. Dabei handelt sich oft um Schülerinnen oder Schüler von denen Sie spontan sagen würden: „Das hätte ich von ihr oder ihm überhaupt nicht erwartet.“ Das sind dann oftmals auch die sogenannten „Mitläufer“, die stören, weil es eben nötig ist.

Um auf entsprechende Unterrichtsstörungen souverän zu reagieren und um bei der Vermittlung von Werten und Unterrichtsstoff erfolgreich zu sein, brauchen Sie zum einen Fachkompetenz zum anderen auch das Wissen um die Bedürfnisse der Schülerinnen und Schüler. Richtig gute Arbeit leisten Sie, wenn Sie nicht nur allgemein die Bedürfnisse von Schülerinnen und Schülern kennen, sondern wenn Sie im Speziellen die den jeweiligen Persönlichkeiten entsprechenden Bedürfnisse der Heranwachsenden kennen und auf sie eingehen. Schule ist trotz seiner Verstaatlichung ein Dienstleister in Sachen Bildung.

Wir be-*dienen die Bedürfnisse nach Bildung. Individuelle Bedürfnisse zu bedienen ist die große Kunst: Alle zu einer Schulgemeinschaft gehörenden Gruppen haben Bedürfnisse, wie sie unterschiedlicher nicht sein könnten.*

*Sie müssen sowohl die Bedürfnisse der einzelnen Gruppen im Allgemeinen kennen, als auch die individuellen Bedürfnisse der verschiedenen Persönlichkeiten innerhalb der einzelnen Gruppen.*

*In der Lehrerbildung sollte meines Erachtens noch mehr auf die Bedürfnisorientierung und die verschiedenen Persönlichkeiten eingegangen werden.*

*Lehrerinnen und Lehrer leisten an ihrem Arbeitsplatz Erstaunliches, wovon man sich gerne eine Scheibe abschneiden kann: Lehrkräfte bedienen nicht nur einen Kunden nach dem anderen, sondern viele, oft bis zu 30 Kunden gleichzeitig und diese Kunden sind weit weg davon, eine homogene Masse abzubilden. Der „Verkauf" von Wissen findet erzwungenermaßen statt. Seien wir ehrlich: An einer weiterführenden Regelschule findet intrinsisch motiviertes Lernen deutlich seltener statt, als es wünschenswert wäre.*

*Schüler nehmen die Wanduhr herunter und werfen sie wie eine Frisbee in Richtung Pult. Trommelrhythmen auf den Schultischen. „Heul doch!" (O-Ton. Männlich, sechste Klasse).*

Wir Menschen sind Unikate. Die Mitwirkenden an einer Schulgemeinschaft beeinflussen sich ständig. Da auf engem Raum viele unterschiedliche Menschen aufeinandertreffen, sind Konflikte vorprogrammiert. Viele solcher Situationen lassen sich mit geeigneter adressatengerechter Kommunikation auf ein Minimum reduzieren.

Das gelingt Ihnen vor allem dann, wenn Sie sich darauf einlassen, typgerecht zu kommunizieren. Dieses Buch will Ihnen dabei behilflich sein.

In Laufe der Jahrzehnte wurden Schulgemeinschaften immer komplexer: Neben den Lehrkräften und der Schulleitung, sowie den Eltern und Schülern kommen nun erfreulicherweise auch immer mehr externe Kräfte hinzu, die eine weitere Stütze im Schulalltag die Gemeinschaft bilden. Es zählen dazu Schulsozialarbeiter, Mediatoren, externe Fachkräfte wie Kinder- und Jugendpsychologen, Inklusionshelfer und Förderlehrer und so weiter.

Auch diese Gruppen von Menschen sind in sich nicht homogen, sondern genauso individuell wie die Gruppe der Lehrkräfte. Sie sehen, heterogener als in Schule geht es heutzutage kaum noch. Wir halten also fest, dass auch innerhalb einer nach außen scheinbar homogenen Gruppe große Unterschiede bei den verschiedenen Persönlichkeiten zutage treten. Es herrschen zwar grob klassifizierbare gemeinsame Prägungen, die zu einer Art gemeinsamen schulischen Lebenswelt passen, in der gewisse Gepflogenheiten herrschen. Aber innerhalb dieser schulischen Gruppierungen treffen viele verschiedene Vorstellungen aufeinander, wie Schule sein und ablaufen sollte.

Wir halten also außerdem fest, dass die oft divergierenden Vorstellungen von Schule sich durch genau diese Vielfalt an Individuen, deren persönliche Lebensweisen und Lebenswelten. Sie prägen das Individuum und führen zu der bunten Vielfalt innerhalb der Schulgemeinschaft, die wir heutzutage in Schulen vorfinden.

Da wir Menschen »Gewohnheitstiere« sind und es uns naheliegt, sich mit Alltagsroutinen, das Leben zu erleichtern, hat es sich der Mensch zur Gewohnheit gemacht, andere Menschen und Dinge nach bestimmten Kriterien zu ordnen. Diese Strukturen, das Arbeiten »mit Schubladen« erleichtert den Alltag erheblich.

*Nein, winken Sie nicht gleich ab! Niemand unterstellt Ihnen Böses!*

Das Denken in Schubladen ist dem Menschen eigen und wichtig um die tagtägliche Flut an Informationen nicht ungefiltert ausgesetzt zu sein. Schubladen helfen beim schnellen Ordnen und Klassifizieren der Umwelt. Das ist normal und sehr menschlich. Zunächst bringt uns solches Schubladen-Denken also Erleichterung:

Störender Schüler rein, Schublade zu! Packen Sie nicht wenigstens auch einmal ab und zu Schüler gedanklich vorschnell in Schubladen? Wirklich nicht? Sich negativ verhaltende Schüler landen dort oft sehr schnell. Ja, auch professionell arbeitenden Menschen passiert dies hin und wieder. Es menschelt in Schulen und das ist gut so!

Das Schubladendenken hilft uns dabei, dem Einzelnen gerechter zu werden. Das Verhalten und die Ansprüche anderer lassen sich aus unseren Gedanken-Schubladen ableiten, die sich aus unseren Erfahrungen und den Erfahrungen Dritter entwickeln.

Machen wir ein Beispiel: Was passiert, wenn wir im folgenden Absatz über einen Musterschüler Z reden möchten? Genau, sofort geht eine Schublade auf, und mit ihr stehen Ihnen einiger Erwartungen, Verhaltensweisen oder Ideale zur Verfügung, mit denen Sie einen

Schüler der Klasse Musterschüler abgleichen könnten. - Für den Fall, dass Sie der Glückspilz sind, der den Musterschüler, welcher nach einem Umzug zu Ihnen stößt, bekommt.

Richtig, der Musterschüler wird Ihnen vermutlich wenig Probleme bereiten. Nun spielen wir das Gedankenspiel weiter. Sie bekommen nächste Woche tatsächlich einen solchen Musterschüler in Ihre Klasse.

*Na, was denken Sie jetzt?*

*1.) Sie reiben sich ungläubig die Augen, als Sie diese Mitteilung in Ihrem Postfach finden.*

*2.) Ihre Schublade Musterschüler geht auf und Sie erwarten scheinbar auf unerklärliche Weise, dass der Neue irgendwie in Ihr Bild eines Musterschülers passt.*

Beim ersten Treffen mit Selbigem läuft unbewusst ein Abgleich-Verfahren ab, das alle nach außen sichtbarem Parameter mit denen des von Ihnen im Kopf abgelegten Modell des Musterschülers abgleicht: Körpersprache, Tonfall, Mimik, Verhalten, ...

Gleiches tut der Musterschüler mit Ihnen übrigens auch, denn er hat erfahren, dass er zu einer höchst kompetenten und fairen Lehrkraft in die

Klasse kommen wird. Würden Sie einen Schüler befragen, wie der Musterlehrer aus den Augen eines Kindes aussieht, würde Ihnen vermutlich Hören und Sehen vergehen.

Zurück zu dem neuen Musterschüler aus unserem Beispiel.

Je nachdem, ob Ihnen der Schüler sympathisch ist, oder nicht, verläuft die Kommunikation unterschiedlich. Lehrer sind, dank ihres Berufes, recht schnell in der Lage eine treffende Beschreibung einer Schülerpersönlichkeit zu formulieren. So kann eine solche Beschreibung positiv, negativ oder wertneutral und damit sachlich sein. Bisweilen wird aus einer wertenden *Be*urteilung eine *Ver*urteilung, die sehr abwertend ausfällt.

Der erste Eindruck ist schwer zu revidieren.

*„Was dagegen, wenn wir uns hier gerade was drücken?" Lehrkraft interveniert. „Und sowas wie sie will uns was vom Leben erzählen!" Pah! Gehen Sie am besten heim!" (O-Ton. Männlich siebte Klasse, mit Drogen in der Hand).*

## Übertragung von DISG in die Schule

Das was in der freien Wirtschaft schon lange Konsens ist, fristet in der Schule meines Erachtens ein Nischen-Dasein. Marketing-Abteilungen passen ihre Angebote genau auf ihr

Gegenüber an. Individuell auf die Interessen-Gruppen zugeschnittene Werbe-Konzepte, Mitarbeiterführung an der Persönlichkeit der Person ausgerichtet – All dies ist selbstverständlich. In der Schule jedoch fehlt es noch ein wenig an der »Kundenorientierung«. Bitte verstehen Sie mich nicht falsch aber zumindest im Saarland wäre es mir nicht bekannt, dass man in der Lehrerbildung die Bedeutung und Nützlichkeit von solchen Persönlichkeitsmodellen und die Ausrichtung daran im Schulalltag eingehend behandelt.

Wir Lehrer arbeiten schülerorientiert aber das bezieht sich in den meisten Fällen auf die Lernziele, Lerninhalte und didaktische Reduktionen und ganz allgemein die Unterrichtsmethoden. Die Kommunikation mit dem Einzelnen steht dabei oft nicht im Vordergrund. Es ist eine nicht zu unterschätzende Herausforderung, nicht nur mit der Lerngruppe, sondern auch mit jedem Einzelnen innerhalb der Lerngruppe adressatengerecht zu kommunizieren. Ich habe die Erfahrung gemacht, dass die Art der Kommunikation, individuell an die Schüler angepasst, entscheidend zum Gelingen von Unterricht und Schule im Allgemeinen beiträgt. Kommunikation, ausgerichtet an Schülerpersönlichkeiten ist der Schlüssel zu weniger Missverständnissen in der Schule und sie hilft bei der Konsequenz, die zwingend erforderlich ist, damit Unterrichts- bzw. Schulregeln durchgesetzt werden können.

„Das DISG –Persönlichkeits-Profil kategorisiert das Verhalten von Menschen.“ (S. 16, Gay / Seiwert: 1997). „Die Frage nach der erfolgreichen Persönlichkeit ist so alt wie die Menschheit.“ (S. 11, Gay / Seiwert: 1997).

Im DISG-Modell werden vier grundlegende Persönlichkeitstypen beschrieben.

Darin werden Verhaltensmuster beschrieben, die in jedem Menschen angelegt sind. Der Unterschied liegt in der Intensität ihrer Ausprägung. Die Umgebung und die persönliche Einstellung nehmen Einfluss auf das menschliche Verhalten. Daraus hat William Moulton Marston grundlegende Verhaltensstile beobachtet und in seinem DISG Modell beschrieben.

„D“ (rot) steht dabei für dominantes, orientiertes und extrovertiertes Verhalten.

„I“ (gelb) steht für initiatives, extrovertiertes Verhalten, das stark am Menschen orientiert ist.

„S“ (grün) steht für ein stetiges Verhalten, das zwar am Menschen orientiert aber eher introvertiert ist.

Zum Schluss folgt das „G“ (blau) für gewissenhaftes Verhalten, das aufgabenorientiert und introvertiert ist.

Die Bezeichnung der vier Stile ist dem Amerikanischen entliehen. Dort lauten die Buchstaben D-I-S-C und stehen für Dominance, Inducement, Submission und Compliance.

Vergessen Sie bei diesen vier „Schubladen“ nun bitte nicht, dass Sie jeweils Anteile aus allen vier Stilen in sich tragen, dass diese jedoch unterschiedlich stark ausgeprägt sind.

Zu jedem Stil wurden des Weiteren 15 beobachtbare Ausprägungen und Verhaltensweisen klassifiziert.

Wir legen in der Schule auf gutes Verhalten großen Wert und drücken diese Bedeutsamkeit durch eine der beiden Kopfnoten (Verhalten und Mitarbeit) aus.

Das Verhalten bringt sichtbar die Persönlichkeit und das Profil eines jeden zum Ausdruck. DISG untersucht mit Hilfe von Tests, welcher Persönlichkeitstyp vorliegt. Es soll dabei ein mehr oder weniger zusammenhängendes Bild, sprich Profil, einer Person entstehen.

*„F... dich!" (O-Ton. Weiblich, fünfte Klasse), nachdem die Schülerin zum zweiten Mal ermahnt wird und den Raum verlassen muss.*

Tests sollen Ihnen also helfen, die Persönlichkeitsprofile Ihrer Kollegen, Eltern oder Schüler zu erkennen. Dann und nur dann haben Sie eine faire Chance, Ihre Kommunikation bezüglich der Ergebnisse zu überdenken, zu überprüfen und gegebenenfalls neu auszurichten. Bitte behalten Sie stets im Hinterkopf, dass diese Tests niemals einen Menschen voll erfassen können. Es handelt sich dabei schließlich nur im Versuche, sich dem Gegenüber zu nähern. Mit Hilfe von DISG können Sie Ihr Handeln reflektieren und so mit neuen Situationen und mit allen Beteiligten im Umfeld Schule besser zurechtkommen. Verbessern können Sie nur dann etwas, wenn Sie bereit sind, sich mit den sich ändernden Parametern im Arbeitsfeld Schule mit zu verändern.

Es gibt den schönen Spruch »Wer nicht mit der Zeit geht, geht mit der Zeit«.

Auf Sie als verbeamtete Lehrkraft trifft dies nur bedingt zu, denn so einfach gehen Sie nicht mit der Zeit „verloren". Wohl aber wird es für Sie ab einem bestimmten Zeitpunkt immer schwerer werden, sich im Umfeld Schule wohl zu fühlen, wenn Sie nicht bereit sind mit der Zeit zu gehen, was bedeutet, sich mit Veränderungen im Schulsystem und den neuen Gegebenheiten sowie Anforderungen an Lehrkräfte anzufreunden.

Diese Tatsache betrifft alle an Schule Beteiligten und nicht nur Sie als Lehrer. Auch Schulsozialarbeiter, Schulleitung und Schüler sowie deren Eltern müssen ihr Verhalten hinterfragen.

Wer im schulischen Miteinander nicht bereit ist, sein Verhalten zu hinterfragen und dann den Erfordernissen in der Schule anzupassen, wird in der Schule scheitern.

Die Anwendung von DISG in der Schule ist deswegen ideal, weil sich die Anwender zunächst selbst besser kennen lernen und dann im nächsten Schritt dazu befähigt werden, alle anderen Menschen im Umfeld Schule besser zu verstehen. Ein besseres Verständnis der Schüler, deren Eltern und Kollegen führt auch dazu, dass das eigene Verhalten an die Bedürfnisse dieser vier Gruppen nach DISG bei Bedarf angepasst werden kann und so wird adressatengerechte Kommunikation möglich.

Sie müssen nicht befürchten, dass Sie sehr viel Zeit investieren müssen, um sich einzuarbeiten. Recht schnell werden Sie erkennen, dass es bereits nach kurzer Zeit möglich ist, andere Personen und auch Sie sich selbst in einer der vier Gruppen zu erkennen. Es geht hierbei nicht um eine Be-Wertung, sondern nur um Personenbeschreibungen.

DISG ist in der freien Wirtschaft erprobt. Eine Übertragung auf den Arbeitsplatz Schule erscheint deswegen besonders sinnvoll. Wir erfinden also das Rad nicht neu, sondern übertragen bewährte Erkenntnisse in eine neue Umgebung und profitieren von all den Vorteilen, die DISG in der freien Wirtschaft bringt.

Sie können den Einsatz von DISG so flexibel gestalten, wie Sie es wünschen. Vielleicht möchten Sie nun zuerst sich selbst näher kennen lernen und erst dann dazu übergehen, die Schüler typgerecht zu klassifizieren. Vielleicht erproben Sie Ihre neuen Erkenntnisse zuerst am Kollegium?

Eines ist gewiss: Sie werden ein anderen Systemen weit überlegenes Konfliktmanagement entwickeln können, das alle Ihre Stärken mit einbezieht, da Sie im Konfliktfall Ihre Adressaten besser erreichen. Sollten Sie in einer Führungsposition sein und leitende Aufgaben übernehmen, kann DISG Ihnen ebenfalls gute Dienste leisten, denn gerade in leitender Funktion ist typgerechte Kommunikation ein mächtiges Instrument.

Werden Sie mit diesem Buch schnell handlungsfähig und bringen Sie Ihre Stärken und Schwächen im System Schule gewinnbringend für alle Beteiligten ein.

Georg Dauth[1] führt in seinem Buch vier Thesen an, die das Modell DISG kritisch hinterfragen und kann anhand seiner Erkenntnisse kritische Stimmen überzeugen, sich auf das Modell einzulassen. Ein Hauptkritikpunkt an DISG ist die These, dass DISG den Menschen manipulieren könnte. Dauth stellt dem entgegen, dass zunächst erst einmal klargestellt werden müsse, was genau unter Manipulation zu verstehen ist. Im Kern geht es darum, dass es in der Natur des

---

[1] Georg Dauth (2015): Führen mit dem DISG Persönlichkeitsprofil.

Menschen liegt, andere Menschen zu beeinflussen (sprich zu manipulieren) mit dem Ziel seine eigenen Interessen zu verfolgen.

Dauth stellt klar, dass es von Nutzen ist, wenn die Kommunikation durch den Abbau von Spannungen und Misstrauen verbessert wird. Auch hebt er hervor, dass durch den Einsatz von DISG niemand unwiederbringlich in eine Schublade gesteckt wird oder schlimmer noch, Menschen nur noch auf dieses Modell und seine vier Grundtypen reduziert werden.

*„Dann führen wir uns nämlich auf der Toilette wodgagetränkte Tampons ein. Dann riecht man nicht, dass wir Alkohol konsumieren!“ (O-Ton. Weiblich, achte Klasse, nachdem eine Mitschülerin betrunken im Unterricht auffiel und zur Rede gestellt wurde).*

Verstehen Sie die vier Gruppen nicht als starre »Schubladen«. Schüler sind trotz ihrer Individualität Teil einer Schnittmenge mit ähnlichen Verhaltensweisen.

Das vorliegende Buch kann Ihnen dann eine Hilfe sein, wenn Sie

- annehmen, dass Kinder und Heranwachsende keine kleinen Erwachsenen sind,

- ihnen die Entwicklung ihrer Persönlichkeit zugestehen,

- dem Gedanken gegenüber offen sind, dass sich Menschen aufgrund ähnlicher Merkmale ganz allgemein in Gruppen zusammenfassen lassen,

- annehmen, dass diese Gruppen keine starren Gebilde mit »genormtem Einlass« sind, sondern nach außen weiche Übergänge aufweisen,

- verstehen, dass alle Persönlichkeiten liebenswerte und manchmal nervige Stärken und Schwächen haben und selbst das, was als Schwäche empfunden wird, eine Frage des Blickwinkels ist,

- akzeptieren, dass man Menschen nicht immer eindeutig in eine Gruppe »pressen« kann nur um sie irgendwo einsortieren zu können. Schillernde Persönlichkeiten weisen Merkmale verschiedener Gruppen auf und auch das ist völlig in Ordnung und normal.

Für die eine oder andere Lehrkraft ist es eine große Herausforderung, diese Annahmen zu verinnerlichen. Insbesondere Lehrerinnen und Lehrer, denen aufgrund ihrer eigenen Persönlichkeit nicht klar ist, dass viele Kämpfe um Disziplin, Macht und Ordnung unnötig wären, wenn ihnen bewusst wäre, dass unterschiedliche Persönlichkeiten eben auch verschiedene Arten von Ansprachen benötigen. Das wissen Sie von sich selbst am besten. Es gibt einfach Menschen, da sehen Sie rot und es gibt Menschen, die Ihnen nicht ganz grün sind. Sie sehen auch dann rot, wenn Kollegen oder Schüler Ihre Grenzen überschreiten. Von der einen »Sorte« Mensch werden Sie scheinbar magisch angezogen, mit anderen muss man einfach irgendwie auskommen. Das ist nicht nur bei Ihnen als Lehrerin oder Lehrer so. Das geht allen Menschen so, generell dort, wo sich verschiedene Menschen begegnen. In der Schule finden tagtäglich unzählige solcher Begegnungen statt. Unterschiedlichste Persönlichkeiten treffen hin und wieder unter widrigen Umständen aufeinander. In der Schule werden die Bedürfnisse des Einzelnen nicht immer erfüllt und so entstehen tagtäglich viele hundert Male Enttäuschungen und diese paaren sich schließlich mit sich entwickelndem Frust. Kommen jetzt noch außerschulische Belastungen (soziales Umfeld, private Situation zu Hause, Streit in der Schule, schlechte Zensuren, Arbeit gegen den Biorhythmus, überfüllte Klassensäle, fehlendes Unterrichtsmaterial, usw.) hinzu, dann kann diese explosive Mischung schnell alle Bemühungen der Lehrkraft zunichtemachen. Wenn das Fass überläuft, ist es eigentlich schon zu spät. Dann hilft der Lehrkraft nur noch ein gutes Deeskalationsmanagement, um die Situation zufriedenstellend lösen zu können.

Gerade Kinder und Jugendliche haben große Schwierigkeiten mit Frust umzugehen und ein geeignetes Ventil für solche unangenehmen Gefühle zu finden. Da ist es umso wichtiger, dass die Lehrkraft verständnisvoll reagiert und mit gutem Beispiel vorangeht. Entsprechende Vorschläge für ein gelungenes Deeskalationsmanagement finden Sie in dem gleichnamigen Kapitel in diesem Buch.

*„Du nervst mich nicht mehr" (O-Ton. Männlich, siebte Klasse), Schüler schnappt sich eine Papierschere und rammt sie einer Mitschülerin in den Oberarm. Sie muss rettungsdienstlich versorgt werden.*

## Stärken stärken, Schwächen schwächen

Natürlich erscheint es dem einen oder anderen ungewohnt bei den vermeintlichen Schwächen eines störenden Schülers Positives zu entdecken, also die Qualitäten hervorzuheben.

Deswegen ist es wichtig, dass Sie erkennen, dass es in keinem Fall darum gehen kann, störendes Verhalten von Schülern zu tolerieren. Unser Ziel soll sein, zunächst zu erkennen, dass ein dominanter Störer, der mit Ihnen diskutiert und auf sein Recht besteht, Persönlichkeitsmerkmale zeigt, die im späteren Berufsleben des Schülers vorteilhaft sein können. Ich denke da an Softskills wie zum Beispiel Durchsetzungsfreude, Redegewandtheit und so weiter.

Gelingt es den Kolleginnen und Kollegen, die sich mit den oben genannten Annahmen schwer tun auch das Gute an störenden Schülern hervor zu heben, dann gelingt auch der nächste Schritt, nämlich diesen störenden Schülern mit einer auf ihre Persönlichkeit zugeschnittenen Kommunikationsweise die Konsequenzen ihres störenden Verhaltens vor Augen zu führen, und zwar so individuell adressatenbezogen, dass es diesen Lehrkräften zukünftig leichter fallen wird, sich ohne Kräftemessen durchzusetzen.

Richten Sie Ihren Unterricht nach Ihren »Kunden« aus. Schülerzentrierung meint nicht nur die Interessen der Heranwachsenden, die im Mittelpunkt Ihrer Bemühungen stehen, sondern auch die Art und Weise wie Sie mit den Schülern kommunizieren. Es wird Ihnen vermutlich nicht gelingen, alle Lerner einer Lerngruppe gleich gut zu erreichen aber es kann Ihnen mit Hilfe von DISG gelingen, möglichst viele Heranwachsende auf der richtigen »Wellenlänge«

zu erreichen. Die richtige »Wellenlänge« steht hierbei stellvertretend für die vier Grundfarben grün, gelb, rot und blau und deren physikalische Wellenlänge.

Auf den folgenden Seiten finden Sie einen Persönlichkeitstest-Index. Geben Sie dem Drang nicht nach auf die andere Seite zu blättern, denn dort finden Sie die Auflösung. Es ist nun so, dass Sie alles ankreuzen, was auf Sie zutrifft. Stören Sie sich nicht an der merkwürdig anmutenden Gruppierung der Begrifflichkeiten.

Erst, wenn Sie sicher sind, alles für Sie Zutreffende angekreuzt zu haben, dürfen Sie also umblättern.

Nachdem Sie also die Auflösung angesehen haben, zählen Sie bitte nach, wie viele Kreuze Sie bei welchem Buchstaben gemacht haben.

Nun können Sie ablesen, welcher Persönlichkeitstyp Ihrem Grundtyp entspricht. Da Sie sich aber für gewöhnlich nicht in eine einzige Schublade stecken lassen, ist es auch interessant, einen Blick auf den zweiten Typus zu werfen, der ebenfalls als ein Teil Ihrer Persönlichkeit übereinstimmt mit Ihnen.

**Kreuzen Sie das Zutreffende an.**

Sehr sorgfältig
Anspruchslos

Besitzergreifend
Harmoniesüchtig
Diplomatisch
kooperativ

Egozentrisch
Selbstgerecht
Dominant

Feinfühlig
Analytisch
Vorausschauend

Rechthaberisch

Flexibel
Kontrolliert
Friedlich
Beredsam
Perfektionistisch

Entschlossen
Besonnen

Rastlos
Formal
Eifrig
Konservativ
Akkurat
Offen

Entgegenkommend
Impulsiv

Distanziert
Einflussreich

Zuhörend

Führungsstark

Realistisch

Lebhaft
Leger
Ergebnisorientiert
Kontaktfreudig
Einfühlsam
Akribisch
Beherrscht

Harmonisch

Offen
Charmant

Gesellig
Direkt
Gewinnend

entschlossen
Mild

Kraftvoll
Diszipliniert

Trotzig
Schnell

Nachdenklich
Zuversichtlich

Höflich

Ausgeglichen
Burschikos

Wagemutig
Liebt Wettbewerbe

Willensstark

Loyal
Anspruchsvoll
Misstrauisch
Stetig
Kooperativ

Aktiv
Ordnungsliebend
Reserviert
Energisch
Beständig

Entschlossen
Systematisch

ausgelassen

Spontan
Selbstkritisch
Energisch

Gehemmt

Taktlos
Unabhängig

Geltungsbedürftig

Risikofreudig
Präzise
Vermittelnd

Sachlich

Urteilsfähig
Nett
Hartnäckig
Vertrauensvoll

Überzeugend
Starrsinnig
Führungsstark

Zurückgezogen
Teamfähig
Willensstark
Gesellig
Positiv

Besitzergreifend
Gewissenhaft
Optimistisch

Sanftmütig
Begeistert
Initiativ

Großzügig
Entschlussfreudig

Emotional
Willkürlich
Verspielt

Geduldig
Verschwiegen
Taktvoll
Unzufrieden

## Hier finden Sie die Auflösung.

G Sehr sorgfältig
Anspruchslos

S Besitzergreifend
S Harmoniesüchtig
G Diplomatisch
S kooperativ

I Egozentrisch
G Selbstgerecht
D Dominant

S Feinfühlig
G Analytisch
G Vorausschauend

G Rechthaberisch

S Flexibel
I Kontrolliert
D Friedlich
I Beredsam
G Perfektionistisch

D Entschlossen
S Besonnen

S Rastlos
G Formal
S Eifrig
G Konservativ
G Akkurat
S Offen

S Entgegenkommend
I Impulsiv

G Distanziert
I Einflussreich

S Zuhörend

D Führungsstark

D Realistisch

I Lebhaft
Leger
D ergebnisorientiert
S Kontaktfreudig
S Einfühlsam
G akribisch
G Beherrscht

S Harmonisch

D Offen
I Charmant

I Gesellig
D Direkt
I Gewinnend

D entschlossen
D Mild

D Kraftvoll
G Diszipliniert

G Trotzig
D Schnell

I Nachdenklich
I Zuversichtlich

G Höflich

I Ausgeglichen
D Burschikos

D Wagemutig
D Liebt Wettbewerbe

D Willensstark

S Loyal
D Anspruchsvoll
I Misstrauisch
S Stetig
S Kooperativ

D Aktiv
G Ordnungsliebend
G Reserviert
D Energisch
S Beständig

D Entschlossen
G Systematisch

I ausgelassen

S Spontan
D Selbstkritisch
D Energisch

I Gehemmt

G Taktlos
G Unabhängig

D Geltungsbedürftig

D Risikofreudig
G Präzise
S Vermittelnd

G Sachlich

I Urteilsfähig
I Nett
G Hartnäckig
S Vertrauensvoll

I Überzeugend
G Starrsinnig
D Führungsstark

G Zurückgezogen
S Teamfähig
D Willensstark
I Gesellig
I Positiv

S Besitzergreifend
G Gewissenhaft
I Optimistisch

D Sanftmütig
I Begeistert
I Initiativ

G Großzügig
D Entschlussfreudig

I Emotional
G Willkürlich
I Verspielt

S Geduldig
I Verschwiegen
G Taktvoll
S Unzufrieden

Zählen Sie nach, wie oft Sie die vier Buchstaben angekreuzt haben. Der Buchstabe mit den meisten Kreuzen entspricht Ihrer Hauptpersönlichkeit. Kommen alle Buchstaben ähnlich häufig vor, besitzen Sie Merkmale von allen Persönlichkeiten in ausgewogenem Verhältnis. Bedenken Sie immer, dass Sie niemals nur einer der vier Persönlichkeiten ähneln. Sie weisen eine vielfarbige Persönlichkeit auf, aber oftmals ist es so, dass ein Anteil dominanter hervortritt. Die Beschreibungen werden im Allgemeinen auf Sie zutreffen. In Ausnahmesituationen werden Sie womöglich anders reagieren. Dazu kommen wir später noch. Unter Stress treten andere Persönlichkeitsmerkmale hervor, bei Ihnen und auch bei Ihren Schülern.

Da Sie sich nun selbst etwas besser kennen gelernt haben, möchten Sie sicherlich auch gerne mehr über die Stärken und Schwächen dieser Persönlichkeitstypen erfahren. Deswegen lade ich Sie jetzt dazu ein, sich zunächst Ihren dominantesten Typ-Anteil noch einmal durchzulesen. Sie werden sich im folgenden Kapitel sicherlich wiederfinden, auch wenn es über Kinder und Jugendliche geschrieben wurde. Berücksichtigen Sie dabei aber immer, dass Sie nicht ausschließlich dieser Typ Mensch sind. Da Sie individuell und einzigartig sind, sind Sie viel mehr als nur eine billige Kopie eines Grundtypus. Ich wünsche Ihnen viele spannende und klärende Momente.

## Praxis Farbenlehre – Die vier Farben nach DISG

### Die Farbe Rot

Rote Schüler fordern Sie heraus und wollen sofort an die Reihe genommen werden, wenn sie sich melden. Es steckt viel Power in ihnen. Dabei ist es ihnen wichtig Distanz zu wahren und sich vor zu viel Nähe zu schützen. Gerne erledigen sie Aufgaben selbst.

Rote Heranwachsende lieben es, ihre Macht zu demonstrieren. Es sind Gewinner-Typen und am liebsten haben sie es, wenn auch andere sehen, dass sie gewonnen haben – seien es Machtspielchen in der Klasse oder klassische Raufereien auf dem Schulgelände.

Ein roter Schüler liebt die Demonstration seiner Macht und sich ein wenig aufzuplustern ist eine

Selbstverständlichkeit. An Erbsenzählerei hat er überhaupt nichts. Es ist ihm lästig. Er ist ein klassisches HB-Männchen, das Geld, Karriere und Macht liebt. Auch im Klassenzimmer ist er derjenige, der als cool gilt. Seine Coolness trägt er gerne zur Schau und deswegen auch gerne eine Kappe im Unterricht auf dem Kopf.

Geht etwas nicht nach seinem Plan, ist er schnell beleidigt und aufbrausend, wenn er gefühlt ungerecht behandelt wird. Da ist ihm sein Bedürfnis nach Dominanz einfach im Weg. Rote Kinder und Jugendliche neigen schon einmal dazu, anderen Kindern etwas wegzunehmen, um sie zu dominieren.

Als „Alpha-Tier" wollen sie gesehen werden und Macht über andere haben. So ist ein roter Schüler auch häufig Wortführer in einer Gruppe und alle müssen sich ihm unterordnen. Dabei sucht er bewusst den Kontakt in Gruppen zu anderen Kindern, da er diese braucht, um anerkannt zu werden.

Damit ihm diese Anerkennung zuteilwird, braucht der rote Schüler Statussymbole, für die man ihn bewundern soll.

Findet ein rotes Kind Gelegenheit, Macht an sich zu reißen, tut es das auch, vor allem, wenn es leichtes Spiel dabei hat. Achten Sie also stets darauf, dass Sie sprichwörtlich den „Hut aufhaben“. Machtübernahmen sind auch deswegen so interessant, weil dabei seine Vorliebe für Herausforderungen im Mittelpunkt steht. Mit dem Wunsch nach Macht geht auch das Streben nach Verantwortung einher.

Bei Handgreiflichkeiten bemerkt ein roter Schüler oft gar nicht gleich, dass er andere verletzt.

Mitschüler fühlen sich von ihm oft ausgenutzt, da er recht egoistisch auftreten kann. Man muss dem Roten einen gewissen Mangel an Sozialkompetenz und emotionaler Kompetenz absprechen.

Interessant wird es, wenn mehrere Rote in einer Gruppe aufeinandertreffen. Dann müssen die Rollen geklärt werden. Der stärkste Rote wird zum Alphatier und die anderen schwächeren Roten werden sich unterordnen.

Sie gehen selbstsicher ihren Weg, manchmal auch auf Kosten anderer. Sie reagieren aufbrausend, wenn man nicht sofort ihren Wünschen entspricht. Der Unterricht muss daher also zügig vorangehen. Der Rote will die Spielregeln bestimmen und sofort Ergebnisse sehen. Langwierige Erarbeitungsphasen oder ausschweifende Erklärungen langweilen sie fürchterlich. Daher sind wiederholende Übungen und stures Lernen nicht seine Stärken. Auch eine Erklärung, warum Sie ihn nicht sofort an die Reihe nehmen, wirkt in seinen Augen unprofessionell: Wenn Sie beginnen sich und andere oder Ihr Produkt (Unterricht, Lerngegenstand) zu verteidigen (beispielsweise in Sachen Bedeutung für den Alltag) haben Sie bei diesem Typ Schüler bereits verloren.

Rote Heranwachsende wollen bewundert werden und schätzen Komplimente sehr. Neues und Ausgefallenes (auch ausgefallene Unterrichtsmethoden) faszinieren ihn sehr. Er braucht Dinge, die er entdecken kann, dann ist er schnell interessiert.

Insgesamt ist der rote Schüler sehr flexibel, solange er im Mittelpunkt steht.

Elegante Kleidung, die seine Extrovertiertheit unterstreichen, bevorzugt er. Eine ausladende Körpersprache lässt den roten Schüler auffallen und eher dominant wirken. Insgesamt ist er sehr aktiv. Kein Wunder, wenn diese Persönlichkeiten dem Lehrer als erstes ins Auge springen. Man erkennt den roten Typ auch deswegen so schnell, weil er gestenreich kommuniziert.

Rote Kinder sind Energiebündel und in jeder Gruppe kaum zu überhören. Bisweilen treten sie aggressiv auf, um auf sich aufmerksam zu machen oder ihre Position zu markieren. Führen und Bestimmen wo es langgeht, das sind ihre Stärken. Rote setzen sich sehr gerne in Szene und versuchen beständig die Aufmerksamkeit auf sich zu ziehen. Andere sollen sich ihm unterordnen. Auch das Thema »Eroberungen« darf nicht übersehen werden. Seine neuste Eroberung muss nicht automatisch dem anderen Geschlecht angehören. Bei jüngeren Kindern kann das Thema auch in Fragen von Aufmerksamkeit und Eigentum deutlich werden. A. nimmt B. das Mäppchen weg, um seine Macht zu demonstrieren.

Auffallend ist der hohe Taten- und Bewegungsdrang. Rote Schüler sind permanent in Bewegung und haben Schwierigkeiten still zu sitzen. Ihre Willenskraft ist beeindruckend, wenn es darum geht, dass sich ihre Vorstellungen erfüllen sollen. Provokation liebt er ebenso wie neue und eigene Wege zu finden und zu gehen. Wird er benachteiligt reagiert er provokativ oder aggressiv. Als Roter versucht er seine Idee durchzusetzen und zu verwirklichen. Er will seine Vision durchsetzen und lebt voll für seine Vision. Manchmal wird er als versessener Phantast angesehen, der große Pläne hat, aber Risiken nicht beachtet. Rote Jugendliche werden schnell ungeduldig und bauen auf unsichere Planungen.

Sie haben eine Tendenz zu spät zu kommen und fordern Lehrkräfte gerne heraus durch entsprechende Fragestellungen. Insgesamt wirkt ein roter Schüler unorganisiert und chaotisch, vor allem sein Arbeitsplatz. Er wirkt rastlos und ungeduldig.

Einem Konflikt wird er niemals ausweichen. Er sucht den direkten Blickkontakt und gestikuliert viel mit den Händen. Tendenziell unterbricht andere, wenn diese reden.

In seiner Welt gibt es nur schwarz oder weiß / ja oder nein … grau ist nicht drin. So gibt es auch nur Freund oder Feind. Rote Kinder sind sehr emotionsgeladen: Zwischen Angst, Aggression, Flucht oder Angriff reagieren sie spontan. Sie sind sehr entschlussfreudig und risikobereit (auch Spicken und Pfuschen).

Ihre starke natürliche Autorität lässt sie zum geborenen Macher werden, die nicht lange fackeln, sondern einfach tun, was sie gut finden. Gegenüber Fremden oder Lehrern hegen sie starke Vorurteile.

So schnell wie sie sich für eine Sache oder Person entschieden haben, so schnell können sie ihre Entscheidung auch revidieren.

*„Sie sind wirklich eine schlechte Lehrerin!“ (O-Ton. Männlich, neunte Klasse), Ursache: Der Gang zum Kiosk wurde im Unterricht verboten.*

## Die Farbe Grün

Dem grünen Schüler bedeutet es sehr viel, wenn Sie auch von sich erzählen. Das hinterlässt einen guten Eindruck. Interessieren Sie sich aber vor allem für den grünen Schüler und zeigen Sie aufrichtiges Interesse an ihm und seiner Person. Grüne Kinder und Jugendliche fragen nach und benötigen zum Beispiel vor Leistungsnachweisen genaue Informationen. Erst dann fühlen sie sich sicher. Komfort und Bequemlichkeit sind weitere Dinge, die ihm sehr wichtig sind.

Der Familien- und vor allem der Freundeskreis sind eng umrissen. Grüne Schülerinnen und Schüler sind sehr zuverlässig und beharrlich. Das macht sie zu guten Freunden und guten Zuhörern. Sie wirken sympathisch und sind voller Liebe. Deswegen finden sie schnell Kontakt und werden sofort ins Herz geschlossen. Auch ihre Hilfsbereitschaft fördert den Grad ihrer Beliebtheit bei Jedermann.

Sobald jedoch jemand auftaucht, den sie nicht kennen, möchte ein Grüner erst einmal in Ruhe beobachten und wahrnehmen. Sie müssen sich immer beschäftigen, können sich nicht bedienen lassen, sondern helfen immer überall mit. Grüne Kinder können sich nur schwer abgrenzen und neigen dazu unter der Last anderer zusammenzubrechen. Hohe Ausdauer und Belastbarkeit sind typisch für sie. Sehr wichtig sind ihnen Vertrautes, Orientierung, Sicherheit sowie Gewohnheit. Vorzugsweise halten sie sich im Hintergrund auf. Familie und Freunde sind ihnen sehr wichtig.

In ihrem Wesen sind sie beständig und eher konservativ eingestellt. Ihre enorme Willenskraft wird Sie das eine oder andere Mal überraschen. Der große Ehrgeiz, mit dem sie ein Ziel verfolgen, zeigt sich in sehr viel Fleiß. Das liegt auch daran, dass ihnen Anerkennung viel bedeutet und sie gerne Karriere machen möchten. Das Streben nach finanzieller und materieller Unabhängigkeit zeichnet sie ebenfalls aus.

Unscheinbare Bekleidung lässt grüne Kinder unauffällig wirken. Für Sie als Lehrkraft ist es wichtig zu wissen, dass diese Sorte Schüler nur dann bereitwillig lernt, wenn sie Sie sympathisch finden. Die gute Beziehung zu Ihnen ist dem grünen Kind wichtiger als der Lerninhalt. Diese Kinder erscheinen anhänglich und vertrauen sich ihren Lehrern an.

Grüne Jugendliche strengen sich in der Schule sehr an und denkt viel. Sie möchten Feststellungen überprüfen und logisch schlussfolgern. Grüne wollen über alles genau Bescheid wissen. Ihr Bedürfnis nach der Sicherheit in zahlreichen Bereichen ist dominant. Konstanz und Stabilität sind dem Grünen ebenfalls sehr wichtig. Übertreibt er es, mündet dies oft in Selbstherrlichkeit und bisweilen in Arroganz. Manchmal haben Grüne einen sehr hohen Geltungsanspruch.

Logisches, sachliches und kritisches Denken stehen im Vordergrund. Grüne Kinder glauben, alles rational beweisen zu können. Manchmal erscheinen sie pedantisch. Grüne Kinder haben auch auf dem Pausenhof einen festen Platz, von dem aus sie alles gut überblicken können. Grüne Kinder lieben andere Kinder und Tiere. Sie haben einen starken Sinn für die Familie mit einem ausgeglichenen Temperament. Der Grüne durchschaut gerne Abläufe und ist unzufrieden, wenn ihm dies einmal nicht gelingt. Er ist ein sehr guter Zuhörer und hat einen Hang zu Sentimentalität.

Sie sind skeptisch gegenüber Neuem und Unerprobtem. Grüne Schüler benötigen Ermutigung und Beruhigung.

Grüne sind einfühlsam, hilfsbereit und neigen nicht so sehr zu Unsinn, da sie die Beziehung zum Lehrer oder den Mitschülern nicht stören wollen. Ihr Hauptziel ist Harmonie. Grüne Kinder kümmern sich gerne um die Probleme anderer und sind freundlich und umgänglich, meist etwas zurückhaltend. Das Motto des Grünen lautet: In der Ruhe liegt die Kraft. Generell scheuen grüne Jugendliche das Risiko (zum Beispiel erwischt zu werden) tendiert dazu andere zu vereinnahmen und sind tolle Teamplayer.

Vertrauen zu gewinnen ist ihnen wichtig.

Grüne Kinder bevorzugen Bewährtes und Vertrautes (Rituale) und klare Strukturen. Zu lautes Sprechen des Lehrers macht diesen Schülertyp eher nervös ebenso zu forsches Sprechen. Man fällt besser nicht mit der Tür ins Haus.

Grüne Kinder sind außerdem sehr sicherheitsbewusst.

Wenn Sie einen guten Zuhörer in der Klasse suchen: Der Grüne kann es hervorragend. Er zeigt eine defensive Haltung bei Menschen, die er nicht kennt oder denen er nicht vertraut.

Grüne Kinder haben ein Gespür für Menschen und schätzen menschliche Wärme und Nähe. Sie senden viele Signale und erwarten ein Echo. Sie interessieren sich für andere Menschen. Unterstützen können Sie grüne Kinder, indem Sie gut zureden und sie beschwichtigen. Generell neigen grüne Kinder zu Heimweh. Kinder mit hohem Grünanteil stören sich, wenn andere ihren Platz oder Stuhl wegnehmen / brauchen. Im Unterricht schätzen sie unkomplizierte Erklärungen.

Geht es um Entscheidungen, orientieren sie sich an Fremdeinflüssen. Sie fragen zum Beispiel häufig andere um Meinung.

Referenzen sind ihnen wichtig: Wer sind Sie? Was unterrichten Sie? Wie lange schon?

Schnell bekommen sie ein schlechtes Gewissen, wenn sie nicht am Unterricht teilnehmen und lernen können. Diese Kinder trauen sich nicht, unbequeme Fragen zu stellen und fragen auch nicht nach, wenn sie nichts verstehen. Stets brauchen sie einen kleinen Schubs um sich zu trauen. Ganz wichtig ist es den Grünen, nicht unangenehm aufzufallen. Grüne Schüler darf man nicht drängen!

## Die Farbe Gelb

Fröhlich und lebenslustig treten die gelben Schülerinnen und Schüler in Erscheinung. Offen und wach bewältigen sie den Schulalltag, wobei ihre Interessen sehr vielfältig ausfallen. Der Grundoptimismus, dass sich alles was sie anpacken zum Guten wendet, ist typisch für die gelbe Persönlichkeit. Oft werden tatsächlich vorhandene Probleme nicht erkannt. Stattdessen ist der gelbe Schüler oft überrascht, worum sich Mitschüler so ihre Sorgen machen. Die gelbe Persönlichkeit geht ja grundsätzlich davon aus, dass alles gut gehen wird.

Gerne und gutmütig teilt der Gelbe seine Dinge mit anderen. Verleiht großzügig Arbeitsutensilien und ist auch anderen Menschen mit anderen Ideen gegenüber sehr tolerant. Entscheidungen kann er schnell treffen und im Gegenzug überhaupt nichts anfangen mit Grübeleien und Unentschlossenheit. Lebenslust und Heiterkeit begleiten ihn durch sein Leben. Schnelles Denken und Handeln lassen ihn bisweilen sehr hektisch wirken.

Naturschutz steht ganz weit oben auf ihrer Agenda. Der Umgang mit Taschengeld gelingt ihm gut. Er spart sich größere Summen zusammen und kann dabei egoistisch erscheinen. Das hat für ihn zur Folge, dass er mit seinem Reichtum auch gesehen und anerkannt werden möchte. Dabei bedeutet das nicht, dass er es nicht großzügig ausgeben kann. Im Gegenteil: Er tritt gönnerhaft zutage. Gelbe Schüler sind tendenziell verspielt und hängen »Gedankenspinnereien« nach, die weder nützlich noch gut nachvollziehbar sind. Das, was er sich dann so in seiner Phantasie zusammenreimt, ist nicht zwingend logisch und unterliegt selten einem besonderen Sinn. Gelbe Menschen haben ein großes Interesse daran, ihre Umwelt mit allen Sinnen zu erfassen und zu begreifen. Daher gehen gelbe Persönlichkeiten offen und aufgeschlossen durchs Leben. Sie beobachten und staunen gerne. Sie tun forschend die Welt entdecken und verstehen warum etwas so ist wie es ist. Gelbe Schüler haben das Bedürfnis stets Neues zu erleben und lieben Veränderungen. Dann sind sie sehr enthusiastisch, gesprächig und geschwätzig. Gelbe Kinder erzählen Ihnen Storys und Anekdoten. Sie sind tendenziell unaufmerksam gegenüber Details wie dem Einhalten von Abgabefristen (Bilder in Kunst, Werkstück in Arbeitslehre, …). Gelbe Menschen sind sehr kontaktfreudig, kreativ und begeisterungsfähig.

Auffallend ist das Bedürfnis nach einem hohen Maß an Bestätigung und Aufmerksamkeit durch sein Umfeld. Ein gelber Schüler hat meist einen riesigen Bekanntenkreis. Von neuen Einflüssen lässt sich der gelbe Schüler leicht ablenken. Er hat Mühe gute Ideen in die Tat umzusetzen und Routinen mag er nicht. Sein Ziel ist persönliche Anerkennung durch andere. Er hat außerdem den Anspruch, dass die Zusammenarbeit in Gruppen reibungslos funktionieren soll.

Konflikten und Konfrontationen geht er aus dem Weg. Möglicherweise ist er Lehrern gegenüber anhänglich, da er gesehen werden will. Er braucht Bestätigung durch Lehrer. Deswegen stört er auch im Unterricht häufiger. Für Aufmerksamkeit nimmt er Ärger in Kauf. Begegnen Sie diesen Kindern mit Offenheit, Freundlichkeit und Herzlichkeit. Dominieren Sie nicht das Gespräch. Wenn die Beziehungsebene stimmt, können Sie bei gelben Persönlichkeiten fast alles unterrichten.

Wie der rote Schüler steht auch der Gelbe gerne im Mittelpunkt und macht Unsinn. Sie kneifen aber, wenn es um ihre Beliebtheit geht. Diese setzen sie nie aufs Spiel. Sie finden deswegen auch Tausend Ausreden, warum sie keine Hausaufgaben haben, denn das würde sie ja unbeliebt bei Ihnen machen. Der gelbe Schüler tritt bisweilen theatralisch auf, wegen der Außenwirkung, die er braucht, um gesehen zu werden.

*„Ruf ich meinen Kusseng" (O-Ton. Männlich, fünfte Klasse), weil Lehrkraft das Herumrennen im Klassensaal verbietet.*

*„Hier stink es" (O-Ton. Männlich, achte Klasse) – Skandieren den Satz und imitieren Tierlaute.*

## Die Farbe Blau

Der blaue Schüler wirkt nach außen beinahe distanziert und desinteressiert. Das liegt daran, dass er sehr aufmerksam und konzentriert zuhört. Er ist damit beschäftigt, alle möglichen Informationen zu etwas zu bekommen. Dazu fragt er so lange nach, bis er die benötigten Fakten zusammengetragen hat. Das kann den Lern- und Unterrichtsinhalt betreffen als auch Informationen zu Leistungsnachweisen. Bisweilen wirkt er nachdenklich und unbeteiligt, wobei er Ihnen lediglich sehr genau zuhört. Er legt großen Wert auf Qualität und den Wert einer Sache. Blaue Schüler tragen korrekte und zweckmäßige Kleidung. Die Körpersprache ist unauffällig. Im Schulalltag benötigen sie klare Ordnungsrahmen, vertraute Rituale und Übersichtlichkeit. Objektiv denkende Menschen, dem das gesprochene Wort sehr wichtig ist. Die Suche nach der Wahrheit und nach Klarheit ist sein zentrales Thema. Das Sachliche steht bei ihm im Vordergrund. Ausgeglichenheit ist ihm wichtig. Chaos und allgemein chaotische Zustände lehnt er ab. Damit kann er nicht gut umgehen. Das bedeutet für den Schulalltag, dass er mit Lärm und wildem Durcheinander nicht gut umgehen kann. Das können Situationen wie Getümmel im Treppenhaus, auf den Fluren und Durcheinander sein, weil eine Lehrkraft zu spät kommt. Dann gerät dieser Schüler in Stress und benötigt seine Zeit, um wieder »runterzukommen«. Er tauscht sich gerne mit intellektuellen Menschen aus. Bisweilen kann ein blauer Schüler kühl und gefühllos wirken. Ist ihm etwas zu turbulent, wendet er sich nach innen. Partys sind nicht sein Ding. Dort wirkt er verloren und wird schnell als »langweilig« abgetan. Er gilt als Naturliebhaber und kann sich gut mit sich alleine beschäftigen. Blaue Kinder wissen gerne, wie sich Einzelaspekte zum großen Ganzen zusammensetzen. Sie denken in Zusammenhängen und gelten als Träumer bzw. Idealisten. Blaue Kinder wägen Dinge ab und sind wohlwollend. Sie sind empfindsam und ruhig. Vor lauter Nachdenken und Hinterfragen finden sie nur selten zügig zu einer Entscheidung und sind ernst.

Eine ungerechte Behandlung treibt einen blauen Schüler in die Verzweiflung und lässt ihn zum Stören werden, weil er doch gerade Anerkennung und Bestätigung sucht.

Persönliche Gefühle zeigt er nicht und ist daher sehr vorsichtig, falls er doch einmal Gefühle zeigt. Nervöses Lachen und Räuspern sind häufig. Blaue Heranwachsende können autoritär werden, wenn sie sich im Recht fühlen, aufgrund von Fakten und Beweisen. Blaue sind sehr höflich und korrekt, sie brauchen viel Ruhe zum Nachdenken und ebenso viel Zeit dafür. Sie arbeiten sehr diszipliniert. Einem blauen Kind fällt es schwer über Gefühle zu reden. Es stellt hohe Ansprüche an sich selbst und sein Ziel ist stets die optimale Lösung.

Blaue Schüler lieben viele Übungsgelegenheiten und Übungsaufgaben. Logisches Vorgehen schätzt er sehr. Geschichten und Anekdoten sind für ihn Zeitverschwendung. Gute Qualität zu günstigem Preis ist dem Blauen wichtig.

Meist versucht er Klassenarbeiten so lange wie möglich vor sich zu behalten, um sich das Ganze noch einmal in Ruhe anzusehen. Er ist kopflastig und introvertiert. Seine Probleme hat er, ähnlich wie der grüne Schüler, beim Treffen von Entscheidungen, weil er so viele Informationen dazu braucht, bis er weiß wie er sich entscheiden soll. Er ist perfektionistisch veranlagt und sehr kritisch. Blaue Jugendliche arbeiten gerne nach Vorgaben und sind sehr loyal. Da sie immer 120% geben, dauert alles viel länger als nötig. Sie streben ein stabiles und sehr geordnetes Leben an, alles muss an seinem Platz liegen, wo es hingehört. Ihr Denken ist abstrakt. Distanz ist den blauen Schülern sehr wichtig. Auffallend ist ihre Neigung zu ironischen Bemerkungen auch gegen sich selbst („Das habe ich ja ganz toll hingekriegt!"). Sie liefern starke mündliche Leistungen, da sie ihr Wissen gut vermitteln können. Sie tragen extravagante Kleidung um sich und ihre Persönlichkeit nach außen abgrenzen zu können.

Blaue Kinder haben eine Tendenz sich Sorgen um die Zukunft zu machen (auch ob sie den angestrebten Abschluss packen) und tun kaum etwas ohne durchdachte Planung (Checkliste Schullandheim / Packliste). Sie lehnen körperliche Nähe ab (auch wenn Sie zu nah an seinem Arbeitsplatz vorbeigehen, löst das Stress aus), melden sich nicht gleich mit Wortbeiträgen, sondern wollen erst abwägen, ob das was sie denken und sagen wollen richtig ist.

## „Kundenorientierung" in der Schule

Erkennen Sie Ihre Mitmenschen, vor allem Ihre Kolleginnen und Kollegen wieder? Fallen Ihnen vielleicht sogar spontan Schülerinnen und Schüler ein, die sich ähnlich verhalten? Dann sind Sie bereits auf einem guten Weg.

Das DISG-Modell findet in der freien Wirtschaft selbstverständlich überall Anwendung, wo zwischenmenschliche Beziehungen im Vordergrund stehen, beispielsweise in der Kundenberatung. Aber beraten wir denn in der Schule nicht auch unsere »Kunden«? Die Schülerinnen und Schüler sind unsere Kunden und auch sie müssen in mannigfaltiger Art und Weise gut beraten werden, nicht nur die Berufswahl betreffend. Es stehen laufbahnentscheidende Einschnitte an: Lernberatungen, Wahl der Fächer und Fremdsprachen, Betriebserkundungen und

Praktika. Lehrer agieren sehr häufig in der Rolle des Beraters. Umso wichtiger erscheint es mir, wenn gerade diese Berufsgruppe sich mit dem DISG-Modell gut auskennt und es anwendet. Wenn Coaching-Seminare für Führungskräfte und Mitarbeiterführung im Management eines Betriebes sich an dem DISG Modell erfolgreich orientieren, warum nutzen wir Erkenntnisse aus dem Modell dann nicht auch in der Schule?

Diese richtungsweisenden Erkenntnisse aus der Forschung gehören meines Erachtens zwingend in die Grundausbildung zukünftiger Lehrkräfte.

Trauen Sie sich und machen Sie sich mit mir auf den Weg, das DISG-Modell in die Schule zu übertragen. Machen Sie sich zunutze, was in der freien Wirtschaft bereits seit Jahrzehnten selbstverständlich ist. Profitieren auch Sie vom DISG-Modell und entdecken Sie neue Wege aus Konflikten und im Umgang mit Kollegen, Eltern, Schülern und Schulleitung. Bereichern Sie Ihre Schulgemeinschaft mit Ihren neuen Erkenntnissen.

Vielleicht fürchten Sie aber auch schon die kritischen Stimmen, die Ihnen erklären wollen, dass die Persönlichkeit von Kindern und Jugendlichen noch nicht ausgereift ist und eine

Klassifizieren oder Zuordnung in die vier Grundtypen noch nicht möglich ist.

Es ist, wie so oft, einfach eine Frage der Sicht auf die Dinge: Heranwachsende haben noch keine vollständig entwickelte Persönlichkeit aber dennoch zeigen auch sie bereits eindeutig Persönlichkeitsmerkmale, die man den Grundtypen zuordnen kann. Wir sind jedoch noch weit davon entfernt, von einer ausgereiften Persönlichkeit zu sprechen. Ich betone ausdrücklich, dass es nicht in meinem Sinne ist, Heranwachsende nach einem viel zu engen Schema zu klassifizieren und über einen gemeinsamen Kamm zu scheren. Aber es ist in meinen Augen unerlässlich, dass sich Lehrkräfte in Klassenleitungsfunktion intensiv mit dieser Thematik befassen und die sich entwickelnden Persönlichkeitsmerkmale ihrer Heranwachsenden im Klassenverband zu beobachten. Leider kommt es immer wieder vor, dass Klassenlehrer ihre eigene Klasse nur noch für sehr wenige Stunden in der Woche zu Gesicht bekommen. Fangen Sie mit der Erforschung und Erprobung des DISG-Modells zunächst im Kleinen an; vielleicht in Ihren Lehrerzimmer?

Niemand besitzt nur die Merkmale einer Person. Akzeptieren Sie, dass Menschen auch mehrere Merkmale aus verschiedenen Gruppen aufweisen.

*„Mein Bus hatte Verspätung!“ (O-Ton. Weiblich, sechste Klasse, nachdem die Schülerin in der ersten Stunde anwesend war und nach der kleinen Pause zu spät im Unterricht erscheint).*

Werfen Sie einen Blick auf mögliche Testbögen und wenn Sie die Inhalte des Buches überzeugt haben, wenden Sie diese Testung zunächst auf sich selbst an. Kennen Sie nämlich Ihre eigene Persönlichkeit und finden Sie sich selbst in einer der vier Grundtypen wieder, so können Sie nun aktiv werden und Ihre persönlichen Stärken und Schwächen herausarbeiten. Der folgende Schritt ist nun einfach zu meistern: Ordnen Sie testweise einige Kolleginnen oder Kollegen den Grundtypen zu. Dann versuchen Sie es mit der Schulleitung.

Manche Menschen lassen sich leicht zuordnen, weil ein Grundtyp sehr dominant, weil eindeutig ist. Manchmal benötigen Sie ein paar Tage Zeit, bis Sie sich sicher sein werden, zu welcher der vier Grundtypen eine Person gehört.

Nachdem Sie nun einige Übung darin haben, können Sie damit beginnen Ihre Schülerinnen und Schüler den Grundtypen zuzuordnen. Benutzen Sie die im Anhang befindlichen Klassenlisten oder gestalten Sie Ihre eigenen. Ordnen Sie die Heranwachsenden den vier Grundtypen zu und bringen Sie einen entsprechend farbigen Punkt an Namen an. Liegt ein Mischtyp vor, dann bringen Sie zwei Punkte in den Farben der beiden eindeutigsten Grundtypen am jeweiligen Namen an.

Diese sehr effektive Vorgehensweise ermöglicht es Ihnen, Ernst zu machen mit der adressatengerechten Kommunikation. Bereits mit einem Blick haben Sie im Auge, wer sich für welche Arbeits- oder Kommunikationsformen eignet. Um den Kollegen in Ihrer Klasse zu helfen, nach dem DISG-Modell die Kommunikation an die Schülerinnen und Schüler anzupassen ist es wichtig, dass es einen Sitzplan gibt, der sowohl Einblick gibt, wer welchem Grundtyp zugeordnet ist. Dabei können Sie sowohl die Namen unterstreichen als auch die Namen in den jeweiligen Farben gelb, rot, grün und blau schreiben. Die Schülerinnen und Schüler müssen nicht verstehen, warum ihr Name in einer bestimmten Farbe geschrieben wurde. Da der Plan viel über die Persönlichkeit Ihrer Schülerinnen und Schüler aussagt, sollten Sie darauf achten, dass dieser Plan nicht in die Hände von Schülern gerät.

Wenn Sie Ihre Schülerinnen und Schüler „lesen“ können, legen Sie einen Grundstein für gelungenen Unterricht. Schüler richtig zu »lesen« bietet die Möglichkeit, geeignete Informationskanäle und Kommunikationsweisen einzusetzen, um den »Kunden« im Unterricht bestmöglich zu erreichen. Gehen Sie also der Frage nach, wie Sie wem etwas beibringen können. Welche Signale müssen Sie aussenden, damit die Schüler darauf »anspringen« und sich auf Sie und Ihren Unterricht einlassen. Schnell wird Ihnen nun klarwerden, dass die sehr heterogene Mischung an unterschiedlichsten Menschentypen auch ebenso unterschiedliche Vorgehensweisen beim Unterrichten benötigen. Das impliziert, dass es nicht die EINE Unterrichtsmethode geben kann, die für ALLE passt. Das wird also niemals funktionieren können. Von daher ist es umso wichtiger, dass Sie ihre Schülerinnen und Schüler grob den vier Grundtypen zuordnen, denn so können Sie jene Unterrichtsmethoden verwenden, die auf die größte Zahl an »Kunden« in Ihrem Klassenzimmer zugeschnitten ist. Von daher ist hier auch der Ansatz, mit mehreren Kommunikationsweisen zu arbeiten, gefällig. Ihre Empathie und Menschenkenntnis entscheidet letztendlich über Gelingen oder Versagen von Unterrichtsgesprächen oder bestimmten Methoden.

*„Unterricht ist Freiheitsberaubung. Ich zeig dich an!“ (O-Ton. Weiblich, neunte Klasse).*

## Die bunte Schulgemeinschaft

Willkommen in der sehr bunten Welt Ihrer Schulgemeinschaft. Sie werden aus dem Staunen vermutlich nicht mehr herauskommen. Gleich geht es los! Wichtig ist mir, dass Sie nicht nur versuchen Ihre Schülerinnen und Schüler in die vierfarbige Welt des DISG-Modells zu stecken, sondern dass Sie mit ebenso viel Ausdauer und Faszination bemüht sind, den Ihnen anvertrauten Heranwachsenden noch ein wenig professioneller als bisher zu begegnen. Das kann gelingen, wenn Sie die Bedürfnisse der einzelnen Persönlichkeiten besser kennen und dabei soll Ihnen die folgenden Erkenntnisse eine Hilfe sein.

Rote Schülerinnen und Schüler werden noch stärker, wenn man sie mit schwierigen Aufgaben herausfordert. Sie sollen aber nicht nur alleine vor sich hinarbeiten, sondern erkennen, dass sie Mitschüler brauchen. Sie werden erfolgreicher, wenn man sie gelegentlich „wachrüttelt" und ihnen Aufgaben zuweist, bei denen praktische Erfahrungen mit in die Lösungsfindung eingebracht werden können. Kontrolle und Beaufsichtigung können sie überhaupt nicht leiden. Deswegen sind Arbeitsphasen mit geringer Kontrolle hilfreich für sie. Macht und Autorität schätzen sie sehr. Entspannung ist wichtig für sie, um von ihrem sowieso erhöhten Tempo im Alltag Abstand nehmen zu können. Machen Sie diesen Heranwachsenden deutlich, wer für welche Bereiche und Aufgaben zuständig ist. Klare Ordnungsrahmen sind wichtig. Gerne arbeiten rote Menschen in Gruppen, insbesondere, wenn Sie Führungsfunktionen (Gruppensprecher / Zeitwächter /...) besetzen können. Solange die Zuständigkeiten in der Gruppe geklärt sind, kann daraus wirklich fruchtbare Arbeit entstehen. Besonders gut arbeiten sie außerdem, wenn die Aufgaben neu und abwechslungsreich sind, mit immer neuen

Herausforderungen. Da rote Kinder das Risiko bis zu einem gewissen Grad suchen, benötigen sie umgekehrt Klassenkameradinnen und Klassenkameraden, die hin und wieder auch das Risiko berechnen und eher etwas vorsichtiger sind. Auf das Risiko, dass sich Fehler einschleichen bei allzu schnellem Vorgehen müssen also andere Kinder hinweisen. Ebenso brauchen rote Heranwachsende Menschen, die ihnen helfen, die Bedürfnisse anderer Kinder zu erkennen und die erst nachdenken, bevor sie handeln. Da rote Kinder sehr schnell arbeiten und sofort Ergebnisse erzielen, brauchen sie auf der anderen Seite Menschen, die auch Vor- und Nachteile abwägen können und sich mit Grundlegendem auseinandersetzen.

Initiativen (gelben) Schülerinnen und Schülern können Sie Unterstützung anbieten, indem Sie einen Zeitwächter bestimmen, der in regelmäßigen Abständen an die Einhaltung der Arbeitszeiten appelliert. Abgabetermine einzuhalten ist keine Stärke der Gelben. Deswegen müssen Sie diese Kinder regelmäßig erinnern. Ein verbessertes Zeitmanagement bei Gelben bringt größere Erfolge. Des Weiteren ist es für Gelbe hilfreich, wenn sie mitbestimmen dürfen und lernen anderen gegenüber entschlossener aufzutreten.

Gelbe Schülerinnen und Schüler arbeiten vor allem in Gruppen gut, in denen sie hohes Ansehen genießen und beliebt sind. Offizielles Loben und Anerkennung vor der Lerngruppe spornen den gelben Schüler an. Sie möchten gerne eigene Vorschläge einbringen und gut beraten werden. Das könnte zum Beispiel eine Lernberatung sein für die Vorbereitung auf Klassenarbeiten oder eine Beratung für die Gestaltung eines Portfolios.

Gelbe schätzen eine demokratische Vorgehensweise in Abstimmungsprozessen. Ihre Stärke spielen die gelben Kinder aus beim Knüpfen von Kontakten. Das liegt auch unter anderem daran, dass sie sich sehr klar ausdrücken können und dabei einen guten Eindruck hinterlassen. Logik ist nicht ihre Stärke und etwas bis zum Ende durchzuhalten zählt auch nicht dazu. Ihr unglaublicher Optimismus ist ansteckend und förderlich in jeder Form der Gruppenarbeit. Die klare Ausdrucksweise ist allerdings nicht gleichbedeutend mit offener Aussprache. Das direkte Ansprechen von Dingen ist nicht ihre Stärke, ebenso wenig systematisches Vorgehen. Dafür braucht der Gelbe Unterstützung von anderen. Auch die Arbeit mit Fakten, die sie selbst heraussuchen müssen, liegt ihnen nicht. Gelbe Heranwachsende benötigen dabei Unterstützung und ebenso dabei sich, länger auf eine Aufgabe zu konzentrieren.

Stetige, blaue Kinder lieben vorhersehbare Abläufe, zum Beispiel den Aufbau eines immer wieder kehrenden Ablaufs beim Bearbeiten von Lernstationen oder Lernzirkeln. Rituale helfen, den Schultag zu strukturieren, dazu zählt zum Beispiel das Begrüßen oder Verabschieden an einem Schultag. Von Hausaufgaben halten blaue Menschen nur wenig, da diese ihr Privatleben einschränken. Gerne identifizieren sie sich mit Gruppen und arbeiten auch deswegen gerne in selbigen, insbesondere wenn ihre Arbeit gelobt und anerkannt wird. Konflikte sind ihnen ein Graus, weswegen man ihnen ein möglichst konfliktarmes Umfeld bieten muss, damit sie zu Höchstleistungen in der Lage sind. Blaue Kinder helfen gerne anderen, können gut zuhören und sind dabei sehr geduldig. In Gruppenarbeitsphasen sorgt er für ein harmonisches Miteinander und kann gut mit überdrehten Kindern umgehen. Er ist der Ruhepol einer jeden Gruppe. Eine weitere Stärke ist die Fähigkeit sich in bestimmten Bereichen zu spezialisieren. Unterstützung benötigen blaue Schülerinnen und Schüler dabei auf andere Druck auszuüben, um beispielsweise Arbeitsprozesse in Gang zu bringen in einer Gruppenarbeit. Der Blaue braucht ein berechenbares Arbeitsumfeld, das überschaubar ist und wenig Überraschungsmomente beinhaltet. Für sich selbst werben kann ein blaues Kind kaum und so ist es hierbei auf Hilfe angewiesen; wortwörtlich zum Beispiel bei dem Verfassen einer Bewerbung. Mehrere Aufgaben gleichzeitig zu erledigen ist gar nichts für sie, ebenso das Setzen von Prioritäten.

Gewissenhafte Kinder, also die Grünen (und das ist nicht politisch gemeint!), zeichnen sich aus durch das Befolgen von Anweisungen und das Erledigen von Arbeitsaufträgen. Problemlos konzentrieren sie sich auf Details und arbeiten sehr gewissenhaft. Durch analytisches Denken fällt es ihnen leicht, das Für und Wider einer Sache zu beurteilen. Systematisches Vorgehen und Diplomatie sind ebenso ihre Stärken, wie der gefühlvolle Umgang im Konfliktfall mit anderen. Bei allem Für und Wider fällt es diesen grünen Kindern schwer, schnelle Entscheidungen zu finden und so sind sie dabei auf die Hilfe anderer angewiesen. Das Leiten und Anregen von Diskussionen ist eine ihre Schwächen. Da müssen andere ran. Dafür sind grüne Heranwachsende die geborenen Teamplayer und können deswegen hervorragend in Gruppen arbeiten. Gründliche Planungen von Arbeitsprozessen sind ihnen wichtig. Dadurch werden sie effektiver. Genaue Arbeitsaufträge sind ihnen wichtig, damit sie ihr volles Potential ausschöpfen können. Dazu zählt auch, dass das Ziel einer jeden Aufgabe benannt wird. Wenn Sie Arbeitsaufträge erteilen, können Sie sicher sein, dass der Grüne sich daranhalten und sich sofort an die Arbeit machen wird. Das ist typisch für diese Persönlichkeit. Gerne stellt der Grüne sein Fachwissen unter Beweis. Regelmäßige Wissensabfragen schätzt er sehr. Besondere Leistungen, die er erbracht hat, möchte er wertgeschätzt und anerkannt, sprich gelobt, wissen. Grüne Heranwachsende müssen lernen in Konfliktsituationen toleranter zu werden. Die geborenen Diplomaten in Ihrer Lerngruppe sind sicherlich die grünen Persönlichkeiten. Sie legen außerdem Wert auf Qualität und Genauigkeit beim Arbeiten. Deswegen tun sie sich bezüglich ihrer Arbeitsweise mit den roten Mitmenschen schwerer, bei denen es darum geht möglichst schnell zu arbeiten. Grüne Kinder benötigen andere um unbequeme Dinge anzusprechen und wichtige Aufgaben an andere zu delegieren. Richtlinien dienen ihnen lediglich als Orientierung, sie möchten aber ihren eigenen Weg finden.

## Binnendifferenzierung mit DISG

Im Idealfall sind in Ihrer Lerngruppe zahlreiche Persönlichkeitsgruppen vertreten. Je bunter, desto vielfältiger und spannender ist das gemeinsam Tun. Für Gruppenarbeitsphasen kann es sehr fruchtbar sein, wenn in einer Gruppe nicht nur rote Kinder zusammensitzen. Wie immer ist eine gute Mischung gefragt, damit sich Stärken und Schwächen der einzelnen Mitglieder einer Lerngruppe aufheben und ausgleichen können. So erst können Stärken gestärkt und Schwächen geschwächt werden.

*„Du bist hässlich und eklig!“ (O-Ton. Weiblich, neunte Klasse) als Schülerin beim Schminken und Nägel lackieren IM Unterricht gestört wird.*

Nachdem Sie nun die verschiedenen Grundpersönlichkeiten kennen gelernt haben, werden Sie sicherlich bereits beim Lesen die ein oder andere Schublade geöffnet haben. Da passen sicherlich auch einige Ihrer Schüler ganz treffend hinein.

Bei anderen Kindern oder Heranwachsenden wird die Zuordnung bereits schwieriger sein. Bedenken Sie dabei dann immer, dass Sie keine Bauklötze ihrer Form nach durch die richtige Öffnung einsortieren. Sie haben es mit Menschen zu tun und sie unterscheiden sich von Bauklötzen eben nicht nur dadurch, dass sie sich nicht durch eine uniforme Öffnung pressen lassen.

Manche Jugendliche wollen so gar nicht zu einer der vier Grundpersönlichkeiten passen. Behalten Sie deswegen im Hinterkopf, dass es meistens so ist, das Mischformen vorliegen. Orientieren Sie sich jedoch an der am ehesten zutreffenden Grundform blau, rot, gelb oder grün.

Spätestens jetzt sollten wir uns auch mit dem Thema Binnendifferenzierung beschäftigen. Für Ihren erfolgreichen Unterricht ist sie zwingend erforderlich. In unserem Fall geht es dabei aber eben nicht nur um die Anfertigung von Arbeitsaufträgen und Texten auf mindestens zwei Anspruchsniveaus, sondern viel mehr darum ihrem Unterricht nach den vier Grundpersönlichkeiten zu differenzieren. Wagen Sie einmal das Experiment, den Unterricht nach den Bedürfnissen der beiden am häufigsten vorkommenden Persönlichkeiten zu differenzieren. Sie werden staunen, was dabei alles heraus kommt an neuen Erkenntnissen. Achten Sie auch in Einzelgesprächen, insbesondere bei den sogenannten problematischen Schülerinnen und Schülern einmal darauf, ob Sie entsprechend typgerecht kommunizieren.

Arbeiten Sie für sich heraus, was das Kind braucht und bedienen Sie diese Bedürfnisse. Sie dürfen anschließend staunen, welche Erkenntnisse sich dabei auftun, wenn Sie dies eine Zeit lang praktizieren. Vergessen Sie auch für sich selbst und um Ihrer Lehrergesundheit Willen niemals, dass Sie nicht alle Menschen Ihrer Schulgemeinschaft mögen, sondern nur mit ihnen auskommen müssen.

Bauen Sie Ihren Unterricht so auf, dass für alle etwas darin enthalten ist, womit sie etwas anfangen können. Vermeiden Sie Dinge, die bei bestimmten Gruppen schlecht ankommen. Denken Sie daran, dass viele Manager rote Typen sind, denen es schnell langweilig wird. Als Erwachsene würden sie einfach aufstehen und Ihre Veranstaltung verlassen, wenn es ihnen zu dumm wird.

Blauen Schülerinnen und Schülern sind Zahlen und Fakten wichtig. Sie benötigen bei Vorträgen und einer Unterrichtsstunde eine Struktur, der sie folgen können. Grüne Schüler dagegen legen sehr viel Wert auf angenehme Atmosphäre. Dabei ist ein ganz wesentlicher Aspekt der Aufbau von Vertrauen.

Entwickeln Sie Ihre persönliche »richtige Mischung« an Unterrichtsmethoden. Lassen Sie sich nicht erzählen, das sei nicht möglich! Wahre Binnendifferenzierung schaut nicht nur auf die Leistungsniveaus, sondern sie muss sich an der Persönlichkeit der jeweiligen „Kundschaft" orientieren. Deswegen kann Ihre »richtige« Art des Unterrichtens vermutlich auch kaum bei Ihren Kollegen funktionieren, weil deren Zusammensetzung der Klasse ganz anders aussieht wie Ihre. Es wird Ihnen gerade jetzt vermutlich klar, wie wenig Binnendifferenzierung wir in Wahrheit in Schule forcieren. Es ist ein Trugschluss, zu meinen, innere Binnendifferenzierung sei ab dem Moment umgesetzt, wo Sie Arbeitsblätter zum gleichen Thema auf drei verschiedenen Leistungsniveaus anbieten. Nochmal: Differenzierung meint vor allem Anpassung der Wissensvermittlung, also die Bereiche der Didaktik und Methodik an die Persönlichkeiten, die in Ihrer Lerngruppe vorhanden sind.

Je mehr rote Schülerinnen und Schüler in einer Lerngruppe vertreten sind, umso anspruchsvoller ist diese Gruppe zu leiten. Das Konfliktpotential in diesen Lerngruppen ist deutlich höher als bei anderen Schüler-Konstellationen. Das ist darin begründet, dass dabei mehr dominante Persönlichkeiten auf einander treffen. Behalten Sie die Beschreibung der roten Persönlichkeiten im Hinterkopf: Sie sind gewillt, das Kommando zu übernehmen, stellen sich in den Mittelpunkt, versuchen Aufmerksamkeit auf sich zu ziehen und sind pausenlos damit beschäftigt ihre »Alpha«-Position zu behaupten oder sie zu erobern. In solchen Lerngruppen kommt es daher vermehrt zu »Rangordnungskämpfen« bei denen es schlicht darum geht, wer in der Lerngruppe das Sagen hat. Solange diese nur unter Schülern ausgetragen werden, ist das zwar anstrengend aber nicht kritisch. Kritisch wird es dann, wenn die heranwachsenden »Alpha-Tierchen« versuchen Ihre Position in Frage zu stellen. In solche Lerngruppen gehören meines Erachtens erfahrene Kollegen, die mit beständigem Infrage-Stellen der Rangordnung gut umgehen und ihre Position behaupten können. Haben die Schüler einmal die Erfahrung gemacht, dass man Ihre Position ebenfalls erobern kann, haben Sie auf gut Deutsch gesagt »verloren«. Sie werden sich richtig etwas einfallen lassen müssen um Ihren Platz als Chef im Ring zu behaupten beziehungsweise im schlimmsten Falle zurückzuerobern.

Sie sind der Chef oder die Chefin im Ring und Ihnen haben sich auch alle roten Schüler-Persönlichkeiten unterzuordnen. Mit zunehmender Anzahl roter Schüler in der Lerngruppe werden Sie entsprechend häufiger diesbezüglich herausgefordert. Ihre Rolle muss geklärt sein. Sie für sich müssen sich klarmachen, wie sie reagieren wollen und werden, falls Schüler versuchen an ihrem »Thron« zu rütteln. Des Weiteren müssen Sie sich bewusstmachen, dass diese Versuche Sie vom Thron zu stoßen nicht persönlich gegen Sie gerichtet sind, sondern nur gegen Sie als Lehrkraft.

Ist Ihre Rolle geklärt, ordnen sich auch rote Schüler unter und akzeptieren Sie als Lehrkraft. Sie müssen allerdings damit rechnen, dass hin und wieder darauf gewartet wird, dass Ihnen ein Fehler im Unterricht unterläuft. Dann laufen rote Jugendliche zur Höchstform auf und man wird Ihnen den Fehler an der Tafel brühwarm aufs Brot schmieren. Dies dient aber lediglich dazu, dass einer der roten Lerner den anderen zeigen kann »Seht her, ich bin der „King", ich habe den Fehler der Lehrkraft gefunden!« Auf diese Weise kann das kleine »Alpha-Wölfchen« unter den Roten in der Klasse zeigen, dass es nach Ihnen die meiste Macht hat.

*„Wie kann man bitte so hässlich sein wie Sie!" (O-Ton. Weiblich, neunte Klasse)*

Mir scheint es so, dass es vor allem dann stressig wird zu unterrichten, wenn der Rot-Anteil sehr hoch ist in einer Lerngruppe. Das hat nicht nur für die Schüler selbst Auswirkungen, sondern auch für Sie.

Unter entsprechend hohem Stress reagieren die meisten Persönlichkeiten mit einem »Farbwechsel«. Menschen mit einer roten Persönlichkeit werden grün, grüne Menschen werden rot. Gelbe Menschen werden blau und blaue Menschen werden gelb. Ein gestresster Schüler zeigt also in einer bestimmten Situation ein Verhalten und eine Denkweise, die ihm sonst völlig fremd wäre. Beobachten Sie sich einmal selbst. Ich kenne eine Menge grüne Kollegen, die wie ausgewechselt erscheinen, wenn sie plötzlich ihren Führungsanspruch gelten machen und typisch rotes Verhalten an den Tag legen.

Berücksichtigen Sie also bei all Ihren Beobachtungen immer, ob sich eine Person im Stress befindet oder nicht. Das betrifft alle am Schulgeschehen Beteiligten. Sehr dominant auftretende Eltern beispielsweise, die in Sorge um ihr Kind sind, werden in stressarmer Umgebung vermutlich eher der grünen Persönlichkeit entsprechen, während sie in der Elternsprechstunde vermutlich mächtig Dampf ablassen und sehr dominant erscheinen. Finden Sie heraus, was diese Menschen wirklich wollen oder von Ihnen oder einer Sache erwarten. Niemand rückt gleich mit einem persönlichen Gedanken und Ideen heraus. Versuchen Sie jedoch sich in die Lage des anderen hinein zu versetzen und nutzen Sie Ihre Menschenkenntnis, dann sollte es Ihnen besser gelingen, typgerecht zu kommunizieren und damit jede Menge Stress im Umfeld Schule zu reduzieren. Nur auf diese Weise ist guter Unterricht in einer heterogenen Lerngruppe möglich. Natürlich bleibt es Ihnen überlassen für sich festzulegen, was Sie persönlich unter dem Begriff des guten Unterrichts verstehen wollen. Wir gehen hier der Einfachheit halber davon aus, dass es sich dabei um einen Unterricht handelt, bei dem möglich viele Schüler etwas lernen, sich entwickeln, Freunde bei ihrem Tun empfinden und bei denen sich auch die Lehrkraft gut fühlt bei ihrer Tätigkeit zu unterrichten. Das Ergebnis sind gute Noten und erfolgreiche zufriedene Heranwachsende.

Je bunter eine Lerngruppe ist, umso eher bilden sich Allianzen. Bestünde eine Schulklasse nur aus blauen Persönlichkeiten, wären alle mit sich alleine beschäftigt, da blaue Schülerinnen und Schüler vorwiegend Einzelgänger sind. In bunt gemischten Schulklassen ist dies aber normalerweise nicht der Fall.

Ich kann Ihnen nur empfehlen, sich mit Ihrer eigenen Persönlichkeit auseinander zu setzen und sie, kombiniert mit guter Menschenkenntnis zu Ihrem eigenen Wohl im Schulalltag klug einzubringen. Sie erfinden jeden Tag aufs Neue den Unterricht neu und jeder Schultag bietet die wunderbare Chance sich und seine Lehrer-Persönlichkeit einzubringen, damit junge Menschen eine Chance bekommen ihre eigene Persönlichkeit zu entwickeln. Geht es einmal wirklich drüber und drunter bleiben Sie gelassen. Tragen Sie das Chaos mit Fassung. Schule ist niemals langweilig. Hier ist immer etwas los. Reflektieren Sie nach solchen Schultagen Ihr Handeln und überdenken Sie es. Wenn Sie sich dazu bereit fühlen, probieren Sie Neues aus. Sie werden sich selbst und Ihre Schüler täglich besser verstehen, wenn Sie Ihr neu erworbenes Wissen zur Entwicklung und Findung der Schülerpersönlichkeiten verwenden.

*„Schule ist assi" (O-Ton. Weiblich, neunte Klasse) Darauf hin springen mehrere Schüler auf und öffnen und schließen alle paar Minuten die Fenster. „Macht dich nervös?" – „Selbst schuld! – Wir hören auf, wenn du uns gehen lässt!"*

Die Persönlichkeit wird vor allem in der Kindheit und Jugend geprägt, zum größten Teil durch unsere Eltern. Je älter Heranwachsende werden umso mehr übernimmt die Peergroup diesen Prozess. Wir müssen an dieser Stelle von einem Prozess sprechen, da die Entwicklung der Persönlichkeit nicht von einem auf den anderen Tag abgeschlossen ist. Die Kinder und Jugendlichen verbringen einen großen Teil ihrer Zeit in der Schule und ihre Persönlichkeit entwickelt und entfaltet sich dort. Diesen Umstand muss man sich bewusst machen um zu erkennen, wie hoch der Stellenwert der Persönlichkeitsentwicklung und Entfaltung in der Schule eigentlich ist. Unsere »Kundschaft« steckt also zwar noch mitten in der Entwicklung ihrer Persönlichkeit. Die sich entwickelnden Grundzüge sind aber bereits erkennbar.

Wir Menschen tragen aus allen vier Grundpersönlichkeiten Anteile in uns und von daher wäre es verfehlt, würden wir uns und unsere Mitmenschen in nur eine der vier Schubladen stecken. Nein, vielmehr ist davon auszugehen, dass wir in bis zu drei Schubladen passen würden. Neben den Grundpersönlichkeiten gibt es verschiedenste Kombinationen und Ausprägungen. Schauen Sie sich in entsprechender Fachliteratur dazu um. Sie können auch im Internet für sich selbst Tests dazu durchführen.

## Die Lehrerpersönlichkeit

Schlagen wir nun den Begriff der Persönlichkeit nach, so finden wir grob zusammengefasst folgende Formulierung:

Die Persönlichkeit setzt sich aus allen Merkmalen einer Person zusammen. Einige Merkmale werden schnell ersichtlich, andere wiederum bleiben für uns unsichtbar. Am schnellsten ersichtlich ist das äußere Erscheinungsbild, was oft unweigerlich auch bei unserem Schubladen-Denken gescannt wird. Sie wissen schon, der Spruch »Kleider machen Leute« kommt nicht von ungefähr.

Folgende Aspekte sind für Sie als Lehrkraft von Bedeutung:

- Gewissenhaftigkeit
- Extraversion
- Offenheit für neue Erfahrungen
- Soziale Verträglichkeit
- Fachwissen
- Führungskompetenz
- Souveräne Gelassenheit
- Begeisterungsfähigkeit
- Durchsetzungsvermögen
- Gute Beobachtungsgabe
- Beurteilungskompetenz
- Teamfähigkeit
- Die Fähigkeit ermutigen und motivieren zu können
- Organisationstalent
- Die Fähigkeit kritisieren und anerkennen zu können.
- Authentizität

Einige Punkte bedürfen noch einer weiteren Erklärung. Unter Extraversion, einem Begriff der Psychologie, verstehen wir das Aus-sich-heraus-gehen. Es meint die Art wie Sie mit Ihrer Umwelt interagieren. Das Gegenteil von Extraversion ist Introversion.

Soziale Verträglichkeit hat etwas mit Wohlwollen und Empathie zu tun. Empathie ist die Fähigkeit sich in andere einzufühlen.

Besonders wertvoll erscheint mir der letzte Punkt, der Authentizität, ohne den die vorangegangenen Aspekte wertlos werden. Seien Sie Sie selbst und nicht die billige Kopie einer Person, die Sie gerne wären. Gerade Referendarinnen und Referendare unterliegen zu Beginn ihrer Ausbildung gerne dem Fehler, Kollegen nachmachen zu wollen, von denen sie glauben, dass sie erfolgreich sind. Sie können sich Vieles aneignen und abschauen und grundsätzlich ist gar nichts dagegen einzuwenden. Dennoch ist es wichtig, dass Sie Ihren eigenen Unterrichtsstil finden und sich selbst treu bleiben. Alle Versuche, sich verzweifelt zu verbiegen um einem (vermeintlichen) Vorbild treu zu sein, werden scheitern. Die Art und Weise wie jemand seinen Unterricht hält kann man nicht eins zu eins kopieren.

Wie bereits erwähnt ist das Denken in Schubladen völlig normal und keineswegs ausschließlich schlecht. Problematisch wird Schubladen-Denken erst dann, wenn Sie zu sehr in solchen Strukturen denken und vor allem nicht bereit sind, voreilige Schlüsse über den Haufen zu werfen und Ihren Mitmenschen keine Chance einräumen einen vielleicht ersten schlechten Eindruck zu revidieren. Dann führt das zu den negativen Auswirkungen, die wir uns nicht wünschen.

Beachten Sie bitte außerdem, dass das äußere Erscheinungsbild, sowie das Verhalten eines Schülers weder die Gedanken noch die Gefühle abbildet. Diese sind jedoch für ein auf der Persönlichkeit beruhendes Bild des Gegenübers ganz wesentlich zu berücksichtigen.

Um das zu verdeutlichen, lassen wir unseren Musterschüler Z. einmal in Ihrem Klassensaal

Platz nehmen. Während Sie gerade zur Höchstform auflaufen, fällt Ihnen auf, dass Musterschüler Z. sich Ihnen zuwendet und scheinbar höchst interessiert auf Ihrem Vortrag achtet.

...Nur leider trügt der Schein, denn der Musterschüler sieht zwar sehr strebsam aus, gedanklich ist er jedoch mit dem Kinofilm des Vorabends befasst.

## Deeskalationsmanagement in der Schule

Wir werden uns nun mit entsprechendem Konfliktmanagement beschäftigen und sehen, wie Sie es verhindern können, dass jemand Sie vom Thron stößt, denn in der Theorie sind die Rollen ja klar verteilt und die Regeln der Schule bekannt.

Rufen wir uns abschließend noch einmal ins Gedächtnis, dass jeder Mensch eine eigene Vorstellung von der „Welt" hat und auch seinen eigenen Zugang. Dazu verwendet jeder einen für ihn geeigneten Kommunikationskanal. Wenn wir wissen, welche Art der Kommunikation ein Schüler bevorzugt, können wir diese in Einzelgesprächen verwenden um möglichst adressatenbezogen zu kommunizieren. Man muss quasi mit seinem Gesprächspartner im

Gleichschritt gehen, um mit ihn mitzuhalten, bildlich also nicht schneller oder langsamer, sondern in seinem Tempo. Der „Kunde“, also unsere Schüler, legen den Kanal fest, da wir mit ihnen adressatenbezogen kommunizieren wollen.

Es ist für den Einzelnen ein großer Unterschied, ob Sie visuell arbeiten, also den Schwerpunkt im Bildlichen legen, ob Sie für die Nutzung des auditiven Kanals primär das Hören ansprechen und deswegen auf genaue Beschreibungen achten. Der Kinästhet benötigt die Möglichkeit selbst etwas auszuprobieren, mit etwas zu hantieren und selbst machen lassen. Deswegen sind für ihn lebendige Vorträge wichtig bei denen er aktiv werden darf.

Um den richtigen Kommunikationskanal schnell ermitteln zu können, achten Sie auf die Augenbewegungen ihres Gegenübers. Sind die Hauptaugenbewegungen nach oben gerichtet und atmet er eher flach bei hoher Stimme und hohem Sprechtempo, dann haben Sie es mit dem visuellen Typ zu tun. Gegensätzliche Bewegung der Augen, nämlich nach unten, wie tiefe dunkle Stimme bei geringem Sprechtempo zeugen von einem kinästhetischen Typ. In der Mitte zwischen beiden „Extremen“ ist der auditive Kommunikationstyp. Seine Augenbewegungen verlaufen typischerweise von links nach rechts beziehungsweise umgekehrt. Er spricht deutlich, nicht zu schnell und nicht zu langsam. Insgesamt kann man die Sprechweise als angenehm bezeichnen.

Das Pacing (= das Herstellen eines Vertrauensverhältnisses) können Sie nun also adressatenbezogen gestalten. Beginnen Sie mit dem Versuch Übereinstimmung in Bezug auf die Körpersprache herzustellen. In verschiedenen Kampfkunstarten wird darauf besonderen Wert gelegt. Bewegen Sie sich im selben Tempo wir Ihr Gesprächspartner, übernehmen Sie die Arm- und oder Handhaltung. Wenn Ihr Gegenüber nach vorne geneigt sitzt, tun Sie das auch. Schaffen Sie auch in Lautstärke und Sprechweise Übereinstimmung. Passen Sie sich an.

Gerade in kritischen Kommunikationssituationen kann das bewusste Pacing erfolgversprechend sein.

*„Sie mobben mich!" (O-Ton. Weiblich, sechste Klasse)*

Es dürften Ihnen nicht entgangen sein, dass sich kursiv gedruckt Provokationen durch den Text ziehen. Alle paar Seiten können Sie eine entsprechende Stelle entdecken. Diese wurden natürlich nicht nur zu Ihrer Belustigung abgedruckt. Lesen Sie sich die entsprechenden Buchstellen noch einmal durch. Gibt es Provokationen, bei denen Sie müde lächeln, weil Sie sie so oder so ähnlich ebenfalls erlebt haben? Gibt es Provokationen, bei denen Sie sich ungläubig die Augen reiben oder kann Sie nichts mehr schrecken?

Nun geht es darum, sich anhand dieser Beispiele mögliche Reaktionen zu überlegen. Spinnen Sie die Provokationen auf eine für Sie und Ihr Arbeitsumfeld geeignete Art und Weise durch. Wenden Sie dabei das neu erworbene Wissen zur adressatenbezogenen Kommunikation an und überlegen Sie sich, auf welche Weise Sie heute (anders) reagieren würden. Dabei müssen Sie auch Ihre Persönlichkeit einfließen lassen. Sie wissen nun um Ihre möglichen Schwächen. Wie können Sie Ihre Stärken stärken und Ihre Schwächen schwächen.

Solche Gedankenexperimente sind sehr wertvoll, weil Ihnen der Faktor Zeit nicht übel mitspielen kann. Im Ernst des Schullebens bleibt Ihnen oft nicht die Zeit souverän und wortgewandt zu reagieren.

# Klassenlisten mit Hilfen von DISG

Gehen Sie die Liste mit den Adjektiven erneut durch und überlegen Sie, ob diese für Ihre Schüler zutreffen. Idealerweise legen Sie sich Ihre Klassenliste neben sich und ein Blatt Papier.

Ziehen Sie von der Namensliste aus horizontale Linien von jedem Namen auf das Blatt was neben Ihnen liegt. Nun können Sie vor jedem Namen der Klassenliste Notizen machen, während Sie die Checkliste abarbeiten.

Am einfachsten gehen Sie mit der im Anhang befindlichen Klassenliste vor. Tragen Sie die Namen der Schülerinnen und Schüler ein.

Am Ende Ihrer Bemühungen steht eine nach DISG-Prüfbausteinen bearbeitete Klassenliste, anhand derer Sie schnell erkennen können, mit welchem Persönlichkeitstyp Sie es zu tun haben.

Bedenken Sie bei all Ihren Überprüfungen, dass Sie es mit Heranwachsenden zu tun haben, deren Persönlichkeitsprofil sich gerade im Begriff der Entwicklung befindet. Das bedeutet, dass es erstens nicht immer leicht ist, eine Schülerpersönlichkeit im DISG-Modell unterzubringen.

Zweitens müssen Sie berücksichtigen, dass ein Kind durchaus auch zu zwei bis drei Typen gehören kann. Markieren Sie dies ebenfalls in Ihren Klassen- bzw. Notenlisten. Am besten verwenden Sie wie ich auch die vier Grundfarben und unterstreichen den Namen in der passenden Farbe.

Was halten Sie davon, die Checkliste neben die Liste der Schülernamen zu legen und Punkt für Punkt abzuhaken: „Auf wen in meiner Klasse trifft dieses Merkmal zu?“ Dann machen Sie einen kleinen Zählstrich neben die betroffenen Namen auf Ihrem Blatt Papier, das neben der Liste liegt. So können Sie, am Ende der Checkliste angekommen, einfach auszählen, welcher Typ am häufigsten vorkommt. So können Sie die jeweiligen Namen mit der Farbe des am häufigsten vorkommenden Typs unterstreichen und die beiden anderen Farben vor jedem Namen ihrer Klassenliste als Striche oder Punkte anbringen. So können Sie, ohne die Namenslisten neu schreiben zu müssen ganz unkompliziert mit den Prüfbausteinen arbeiten.

Irgendwann muss aus einer freundlichen Ermahnung Klartext werden. Dann helfen knackige Befehle und eine unmissverständliche Körpersprache. Gehen Sie nicht weiter auf Provokationen am Rande ein. Das würde nur dazu führen, dass sich der Konflikt auf der Eskalationsspirale immer weiter aufheizt.

Alles was noch an weiteren Frechheiten hinzu kommt, sollten Sie gedanklich notieren und später sanktionieren, nicht aber in dem Moment, wo der Konflikt eskalieren wird. Halten Sie sich selbst zurück auch wenn Ihnen überhaupt nicht danach zumute ist. Bedenken Sie, dass Sie bei jedem Konflikt mit und von den Schülern genau beobachtet werden. Seien Sie gewiss, dass die Schüler sehr genau wissen, was sie tun müssen, um Sie „hochgehen“ zu lassen oder aus der Reserve zu locken.

Eine gute Idee ist es dagegen, wenn Sie sich trotz wallendem Blutes sammeln und dann handeln:

+ Stoppen

+ Atmen

+ Denken

+ Handeln

So kann es Ihnen gelingen nichts Unüberlegtes zu tun. Achten Sie gerade jetzt auf Kongruenz der verbalen und der nonverbalen Kommunikation. Es muss vor allem im Konfliktfall unmissverständlich klar sein, dass Sie der „Chef im Ring“ sind. Geben Sie dieses Heft niemals aus der Hand.

Es gibt die drei Stufen der Deeskalation im Klassensaal. Als Pädagoge müssen Sie dabei unter Umständen zügig vorgehen:

Erste Stufe: Reden Sie mit dem Störer auf Augenhöhe. Das heißt auch, dass Sie notfalls in die Knie gehen müssen. Trennen Sie die Sachebene von der emotionalen Ebene. Sie müssen stets versuchen, das Gespräch auf der Sachebene zu halten und dabei die Sache klären, also das Problem.

Ist dies nicht möglich, weil der Heranwachsende die Sachebene immer wieder verlässt, dass muss auch die Lehrkraft die Sachebene verlassen und zur emotionalen Ebene wechseln. Das Ziel muss immer ein Konsens in der Ebene sein. Der Lehrer passt sich in dieser Situation dem

Schüler an. Das nennt man dann Pacing. Wir spiegeln den Schüler.

In der zweiten Stufe lässt sich ein Konflikt nicht durch Reden im Klassenverband regeln. Ein Schüler oder eine Schülerin muss aus dem Unterrichtsraum begleitet werden. Der Störer wird also separiert und man entzieht ihm seine Bühne. Gerade rote Schüler benötigen „ihre" Bühne um sich stark zu fühlen. Um einen Konflikt zu lösen, muss die Bühne verlassen werden. Im Idealfall suchen Sie sich einen Zeugen, zum Beispiel den Kollegen oder die Kollegin aus der Nachbarklasse. Diese Zeugen sollten Sie auch später bei der Dokumentation des Vorfalls benennen, damit alles lückenlos dokumentiert werden kann.

Erreichen Sie weder durch Reden noch durch den Versuch den Schüler zu separieren eine Verbesserung der Situation, müssen Sie unter Umständen körperlich werden, zum Beispiel durch das Erfassen des Handgelenks, um ein Kind vor die Tür zu begleiten. Dies ist entweder durch das Notwehrrecht, das Strafrecht oder das Hausrecht der Schule gedeckt. Besteht Gefahr für Dritte müssen Sie sogar einschreiten, da es sich sonst unter Umständen um unterlassene

Hilfeleistung handelt. Im schlimmsten Fall müssen Sie die Polizei hinzuziehen.

Müssen solche Gegenmaßnahmen zur Deeskalation ergriffen werden, ist eine lückenlose Dokumentation unumgänglich. Ziel soll die Nachvollziehbarkeit Ihrer Handlungen sein und deswegen ist auch das Notieren von entsprechenden Uhrzeiten notwendig.

Bitte beachten Sie: nur ein beherztes Handeln ist erfolgversprechend. Damit ist nicht gemeint, dass Sie einen Schüler sofort und auch mit aller Gewalt aus dem Klassenraum zerren. Beherzt meint in diesem Fall: Treffen Sie für sich die Entscheidung vorgehen oder zurückweichen. Wenn Sie sich entscheiden, dass Sie vorgehen gegen einen Regelverstoß, dann mit aller Konsequenz. Halbherziges Handeln bringt keine Klarheit in der Situation.

Ihre Körpersprache muss nicht nur deckungsgleich sein mit Ihren Worten, sondern sie soll gleichzeitig auch deeskalierend wirken. Dazu sollten Sie Ihre Hände öffnen und nicht zur Faust ballen. Offene Hände wirken nicht bedrohlich. Zudem sind Sie mit bereits geöffneten Händen schneller, wenn es darum geht Sie im Falle eines Falles selbst zu schützen.

Fallbeispiel

Janosch ist gestresst. Er wurde in der Pause von Mitschülern geärgert und trägt die Wut vom Schulhof in den Klassensaal. Eine Klärung konnte nicht stattfinden. Die Pausenaufsicht hat von dem Ärger nichts mitbekommen. Ein provozierender Blick seines Kontrahenten reicht und bringt das Fass zum Überlaufen. Während der Deutschstunde steht Janosch plötzlich auf und lässt seinen angestauten Aggressionen freien Lauf. So schnell kann Herr B. gar nicht reagieren, da steht der Junge schon am Platz von Timo und schleudert dessen Mäppchen vom Tisch. Timo schreit auf und an Unterricht ist vorerst nicht mehr zu denken. Es fehlt nur ein Satz über den Tisch und schon hängen beide Streithähne aneinander. Eine wilde Rangelei, begleitet von umstürzenden Stühlen ist die Folge.

Was sollte Herr B. nun tun?

- Die Sachebene herstellen
- Chef-Qualitäten zeigen
- Emotional werden
- Aggression zeigen

Herr B. eilt zu beiden. Sie werden mit Nachdruck in der Stimme und entsprechender Lautstärke voneinander getrennt, indem Herr B.

einen Keil mit beiden Armen bildet und so zwischen beide Streithähne geht.

Achten Sie darauf, niemals ein Kind von einem anderen wegzuziehen! Das würde bedeuten, dass Sie für ein Kind Partei ergreifen und das kann später zu erheblichen Problemen führen. Zudem kostet es auch körperlich unnötig Kraft, falls das „Paket aus zwei Schülern“ irgendwie bewegt werden muss.

Herr B. zeigt also zunächst Chef-Qualitäten, indem er deutlich macht, dass er hier das Sagen hat. Er versucht die Sachebene herzustellen, was jedoch nicht gelingt. Dann zeigt er Aggression und trennt die beiden Streithähne körperlich. Da das Ansprechen der Sachebene zu Beginn nicht wirkte, ist es legitim auf die emotionale Ebene zu gehen.

Fallbeispiel:

Lara und Janina geraten durch eine Beleidigung in einer Gruppe auf dem Smartphone in Streit. Beide beraten sich jeweils mit ihren Freundinnen in der Pause. Trotz Handy-Verbots schreiben beide weiter Beleidigungen in die Gruppe. Es fallen Drohungen. Schließlich vibriert Janinas Handy im Unterricht erneut und sie versucht heimlich unter der Bank die Nachricht zu lesen. Frau Barast bemerkt dies und fordert das Mädchen auf, ihr da Handy bis zum Ende der Stunde auszuhändigen. Sofort kreischt Janina, dass sie es nicht abgibt und ehe Frau Barast versteht, was geschieht, ist das Mädchen mit samt seinem Handy aus dem Raum gerannt und verschwunden. Laras Freundinnen johlen vor Vergnügen und in Anbetracht der Bloßstellung von Janina. Die Lehrkraft konnte von dem vorherigen Streit zwischen den Mädchen nichts wissen und hat deswegen unbewusst dazu beigetragen, den Konflikt zu verschärfen. Was ist zu tun?

Die Lehrkraft sollte nun umgehend im Sekretariat Bescheid geben, dass eine Schülerin weggelaufen ist. Unter Umständen ist auch die Schulleitung zu informieren. Weiter muss das Verschwinden der Schülerin schriftlich mit Uhrzeit dokumentiert werden. Zuverlässige Klassensprecher können zur Schulleitung oder dem Sekretariat geschickt werden, denn im Rahmen der Aufsichtspflicht ist es fraglich, ob die Lehrkraft die Klasse in dieser Situation verlassen kann. Vom Mobiltelefon aus kann die Lehrerin möglicherweise die Eltern von Janina anrufen.

Schließlich erkundigt sich die Lehrkraft bei Lara, was zuvor geschehen ist, jedoch erhält sie keine geeigneten Informationen zu dem vorherigen Streit.

Janina wartet neben der Pausenhalle etwas abseits am Schulgelände bis zum Ende der Stunde. Das lässt sie sich nicht bieten von Lara. Als die Pause beginnt, lauert sie Lara auf, mittlerweile mit einer Gruppe von Unterstützern, in der auch Jungs dabei sind. Sie stehen hinter ihr im Halbkreis. Lara ist zunächst überrumpelt aber auch hinter ihrem Rücken ergreifen andere Kinder für sie Partei.

Unbeteiligte rufen rechtzeitig die Pausenaufsicht. Diese kommt, noch bevor es zu Handgreiflichkeiten kommt. Nun sieht sich die Lehrkraft einer größeren Gruppe gewaltbereiter Schüler gegenüber.

Beide Gruppen werden räumlich voneinander getrennt, indem die Lehrerin dazwischen geht und mit beiden Händen jeweils auf einen Streithahn zeigt und sie mit einem energischen „Zurück!“ in ihre Schranken verweist. So sollen sich beide Gruppen voneinander entfernen.

Wichtig dabei ist, dass beide Wortführer isoliert werden und dass der Streit niemals vor der Gruppe geschlichtet wird. Kommen weitere Lehrkräfte hinzu, können die „Wortführer“ im

Verwaltungsbereich der Schule „isoliert" werden. Beide Gruppierungen werden somit „anführerlos". Dann ist es einfacher die Gruppen aufzulösen und „einzunorden". Bleiben Sie dabei aber unbedingt auf der Sachebene.

Eine einzelne Lehrkraft sollte solche Gruppen aber nicht alleine voneinander trennen. Zu zweit oder mit mehreren sind Lehrer stärker, außerdem gibt es dann auch gleich Zeugen, die in der Dokumentation benannt werden können.

Merken Sie sich, dass generell jeder Befehl mit Nachdruck und auch durch Gesten unterstützt werden sollte. Im Stress beziehungsweise in Hochstress-Phasen hören Schüler weniger als 7% des Gesagten. Das ist erschreckend wenig. Jedoch werden etwa 38% über nonverbale Körpersprache und Stimmlage (Lautstärke, Nachdruck, Modulation, …) wahrgenommen.

Ein höfliches „Justin, bitte setz dich doch auf deinen Stuhl, denn so einen Unsinn machen wir hier nicht." Ist zwar nett gemeint aber vermutlich wirkungslos. Ein knackiges „Justin, setzen!" kommt da eher an, wenn Stress im Spiel ist. Wenn dabei auch noch gelächelt wird, ist das Gesagte inkongruent zu dem Ausgedrückten und das wird nicht funktionieren.

Die dargestellten Fallbeispiele könnten wir beliebig ergänzen oder in ähnlicher Weise von realen Fällen aus dem Schulalltag konstruieren. Das Vorgehen für die Lehrer bleibt dabei aber immer gleich: Halten Sie sich an die drei erläuterten Stufen der Deeskalation. Entscheiden Sie sich dafür etwas zu unternehmen oder nicht einzuschreiten aber tun sie es mit aller Konsequenz.

## Nachwort

Am Ende dieses Buches hoffe ich, dass Sie viel Neues entdecken konnten beziehungsweise Vertrautes in anderem Kontext kennen gelernt haben. Ihr Erfolg als Lehrperson hängt nicht nur von Ihrer Fachkompetenz, Ihrem Organisationstalent und Ihrer Lehrerpersönlichkeit ab. Ein Großteil Ihres Erfolgs in der Schule geht auf das Konto Ihrer Menschenkenntnis und der Fähigkeit adressatenbezogene Kommunikation zu pflegen.

Wenn Sie sich selbst besser kennen gelernt haben, wird es Ihnen umso leichter fallen, bei Ihnen selbst Stärken zu stärken und Schwächen zu schwächen. Des Weiteren können Sie mit Hilfe von DISG nun auch Ihre Schüler einschätzen und deshalb adressatengerecht unterrichten. Das macht Sie an Ihrem Arbeitsplatz Schule erfolgreicher.

Ich wünsche Ihnen neue Impulse für Ihre Tätigkeit als Lehrkraft und erfolgreichen Unterricht.

# Anhang

## Klassenlisten

Legen Sie sich eine Klassenliste nach folgender Vorlage an. In den hinteren vier Spalten ordnen Sie die Farben rot, grün, gelb und blau an; entweder, indem Sie die Felder farbig markieren und mit dem passenden Farbstift jeweils ein Kreuz bei den zutreffenden Farben für jeden Schüler machen oder um in der ersten Zeile jeweils die passende Farbe notieren. Einfacher und übersichtlicher ist es in jedem Fall, wenn Sie mit entsprechenden Farben arbeiten, da Sie auf diese Weise schneller einen Überblick haben, wenn Sie einen Blick auf Ihre Klassenlisten werfen.

| | Blau | Rot | Gelb | grün |
|---|---|---|---|---|
| Name, Vorname | | | | |
| | | | | |
| | | | | |
| | | | | |

## Gesetzesgrundlagen

Auch wenn es im ersten Moment merkwürdig anmutet hier Auszüge aus dem Strafgesetzbuch abzudrucken: Man erlebt in der Schule manchmal Dinge, die das notwendig erscheinen lassen.

Wenn es Sie interessiert, werfen Sie einen Blick hinein. Ich habe einzelne Paragraphen aus meinem Buch „Wille trifft Weg“ (siehe Literaturverzeichnis) eingefügt:

**§ 177 StGB Sexueller Übergriff; sexuelle Nötigung; Vergewaltigung**

(1) Wer gegen den erkennbaren Willen einer anderen Person sexuelle Handlungen an dieser Person vornimmt oder von ihr vornehmen lässt oder diese Person zur Vornahme oder Duldung sexueller Handlungen an oder von einem Dritten bestimmt, wird mit Freiheitsstrafe von sechs Monaten bis zu fünf Jahren bestraft.

(2) Ebenso wird bestraft, wer sexuelle Handlungen an einer anderen Person vornimmt oder von ihr vornehmen lässt oder diese Person zur Vornahme oder Duldung sexueller Handlungen an oder von einem Dritten bestimmt, wenn …

der Täter ausnutzt, dass die Person nicht in der Lage ist einen entgegenstehenden Willen zu bilden oder zu äußern,

der Täter ausnutzt, dass die Person auf Grund ihres körperlichen oder psychischen Zustands in der Bildung oder Äußerung des Willens erheblich eingeschränkt ist, es sei denn, er hat sich der Zustimmung dieser Person versichert,

der Täter ein Überraschungsmoment ausnutzt,

der Täter eine Lage ausnutzt, in der dem Opfer bei Widerstand ein empfindliches Übel droht, oder

der Täter die Person zur Vornahme oder Duldung der sexuellen Handlung durch Drohung mit einem empfindlichen Übel genötigt hat.

(3) Der Versuch ist strafbar.

(4) Auf Freiheitsstrafe nicht unter einem Jahr ist zu erkennen, wenn die Unfähigkeit, einen Willen zu bilden oder zu äußern, auf einer Krankheit oder Behinderung des Opfers beruht.

(5) Auf Freiheitsstrafe nicht unter einem Jahr ist zu erkennen, wenn der Täter

gegenüber dem Opfer Gewalt anwendet,

dem Opfer mit gegenwärtiger Gefahr für Leib oder Leben droht oder

eine Lage ausnutzt, in der das Opfer der Einwirkung des Täters schutzlos ausgeliefert ist.

(6) In besonders schweren Fällen ist auf Freiheitsstrafe nicht unter zwei Jahren zu erkennen. Ein besonders schwerer Fall liegt in der Regel vor, wenn

der Täter mit dem Opfer den Beischlaf vollzieht oder vollziehen lässt oder ähnliche sexuelle Handlungen an dem Opfer vornimmt oder von ihm vornehmen lässt, die dieses besonders erniedrigen, insbesondere wenn sie mit einem Eindringen in den Körper verbunden sind (Vergewaltigung), oder

die Tat von mehreren gemeinschaftlich begangen wird.

(7) Auf Freiheitsstrafe nicht unter drei Jahren ist zu erkennen, wenn der Täter

eine Waffe oder ein anderes gefährliches Werkzeug bei sich führt,

sonst ein Werkzeug oder Mittel bei sich führt, um den Widerstand einer anderen Person durch Gewalt oder Drohung mit Gewalt zu verhindern oder zu überwinden, oder

das Opfer in die Gefahr einer schweren Gesundheitsschädigung bringt.

(8) Auf Freiheitsstrafe nicht unter fünf Jahren ist zu erkennen, wenn der Täter

bei der Tat eine Waffe oder ein anderes gefährliches Werkzeug verwendet oder

das Opfer bei der Tat körperlich schwer misshandelt oder

durch die Tat in die Gefahr des Todes bringt.

(9) In minder schweren Fällen der Absätze 1 und 2 ist auf Freiheitsstrafe von drei Monaten bis zu drei Jahren, in minder schweren Fällen der Absätze 4 und 5 ist auf Freiheitsstrafe von sechs Monaten bis zu zehn Jahren, in minder schweren Fällen der Absätze 7 und 8 ist auf Freiheitsstrafe von einem Jahr bis zu zehn Jahren zu erkennen.

## § 183 Exhibitionistische Handlungen

(1) Ein Mann, der eine andere Person durch eine exhibitionistische Handlung belästigt, wird

mit Freiheitsstrafe bis zu einem Jahr oder mit Geldstrafe bestraft.

(2) Die Tat wird nur auf Antrag verfolgt, es sei denn, dass die Strafverfolgungsbehörde wegen des besonderen öffentlichen Interesses an der Strafverfolgung ein Einschreiten von Amts wegen für geboten hält.

(3) Das Gericht kann die Vollstreckung einer Freiheitsstrafe auch dann zur Bewährung aussetzen, wenn zu erwarten ist, dass der Täter erst nach einer längeren Heilbehandlung keine exhibitionistischen Handlungen mehr vornehmen wird.

(4) Absatz 3 gilt auch, wenn ein Mann oder eine Frau wegen einer exhibitionistischen Handlung

nach einer anderen Vorschrift, die im Höchstmaß Freiheitsstrafe bis zu einem Jahr oder Geldstrafe androht, oder

nach § 174 Absatz 3 Nummer 1 oder § 176 Abs. 4 Nr. 1

bestraft wird.

## § 183a Erregung öffentlichen Ärgernisses

Wer öffentlich sexuelle Handlungen vornimmt und dadurch absichtlich oder wissentlich ein Ärgernis erregt, wird mit Freiheitsstrafe bis zu einem Jahr oder mit Geldstrafe bestraft, wenn die Tat nicht in § 183 mit Strafe bedroht ist.

## § 184i Sexuelle Belästigung

(1) Wer eine andere Person in sexuell bestimmter Weise körperlich berührt und dadurch belästigt, wird mit Freiheitsstrafe bis zu zwei Jahren oder mit Geldstrafe bestraft, wenn nicht die Tat in anderen Vorschriften mit schwererer Strafe bedroht ist.

(2) In besonders schweren Fällen ist die Freiheitsstrafe von drei Monaten bis zu fünf Jahren. Ein besonders schwerer Fall liegt in der Regel vor, wenn die Tat von mehreren gemeinschaftlich begangen wird.

(3) Die Tat wird nur auf Antrag verfolgt, es sei denn, dass die Strafverfolgungsbehörde wegen des besonderen öffentlichen Interesses an der Strafverfolgung ein Einschreiten von Amts wegen für geboten hält.

## § 185 Beleidigung

Die Beleidigung wird mit Freiheitsstrafe bis zu einem Jahr oder mit Geldstrafe und, wenn die Beleidigung mittels einer Tätlichkeit begangen wird, mit Freiheitsstrafe bis zu zwei Jahren oder mit Geldstrafe bestraft.

## § 186 Üble Nachrede

Wer in Beziehung auf einen anderen eine Tatsache behauptet oder verbreitet, welche denselben verächtlich zu machen oder in der öffentlichen Meinung herabzuwürdigen geeignet ist, wird, wenn nicht diese Tatsache erweislich wahr ist, mit Freiheitsstrafe bis zu einem Jahr oder mit Geldstrafe und, wenn die Tat öffentlich oder durch Verbreiten von Schriften (§ 11 Abs. 3) begangen ist, mit Freiheitsstrafe bis zu zwei Jahren oder mit Geldstrafe bestraft.

## § 32 Notwehr:

(1) Wer eine Tat begeht, die durch Notwehr geboten ist, handelt nicht rechtswidrig.

(2) Notwehr ist die Verteidigung, die erforderlich ist, um einen gegenwärtigen rechtswidrigen Angriff von sich oder einem anderen abzuwenden.

## § 33 Überschreitung der Notwehr

Überschreitet der Täter die Grenzen der Notwehr aus Verwirrung, Furcht oder Schrecken, so wird er nicht bestraft.

## § 34 Rechtfertigender Notstand

Wer in einer gegenwärtigen, nicht anders abwendbaren Gefahr für Leben, Leib, Freiheit, Ehre, Eigentum oder ein anderes Rechtsgut eine Tat begeht, um die Gefahr von sich oder einem anderen abzuwenden, handelt nicht rechtswidrig, wenn bei Abwägung der widerstreitenden Interessen, namentlich der betroffenen Rechtsgüter und des Grades der ihnen drohenden Gefahren, das geschützte Interesse das beeinträchtigte wesentlich überwiegt. Dies gilt jedoch nur, soweit die Tat ein angemessenes Mittel ist, die Gefahr abzuwenden.

**Achtung:**

**Bitte bedenken Sie, dass dieser Gesetztes-Auszug nur der groben Orientierung dient. Sollten Sie in rechtlichen Fragen Hilfe benötigen, ziehen Sie entsprechende Fachkräfte zu Rate.**

# Literaturverzeichnis

André, Christophe / Légéron, Patrick (2001): Bammel, Panik, Gänsehaut: Die Angst vor den anderen. Verlag Aufbau TB.

Dauth, Georg (2015): Führen mit dem DISG-Persönlichkeitsprofil – DISG-Wissen Mitarbeiterführung. 3. Auflage 2015.

Seiwert Lothar (1997): Das 1 x 1 der Persönlichkeit: sich und andere besser verstehen; beruflich und privat das Beste erreichen; das DISG-Persönlichkeitsmodell anwenden. 3., durchgesehene Auflage, Offenbach, GABAL Verlag.

Götz, Klaus / Häfner, Peter (2010): Didaktische Organisation von Lehr- und Lernprozessen – Ein Lehrbuch für Schule und Erwachsenenbildung. 8., überarbeitete Auflage, Augsburg, Ziel Verlag.

Lade, Stephanie / Martin, Volker (2017): Kursleiterhandbuch Frauenselbstverteidigung – Ein Handlungsleitfaden für Ausbilder, Trainer & Co. 1. Auflage, Rediroma Verlag.

Lade, Stephanie/ Martin, Volker (2017): Wille trifft Weg! – Theorie – Workbook zum Kurs

BEST Basic Frauenselbstverteidigung, 1. Auflage, Rediroma Verlag.

Nicolaisen, Torsten (2013): Lerncoaching-Praxis – Coaching in pädagogischen Arbeitsfeldern. Beltz Juventa, Weinheim und Basel.

## Bildquellen

Alle Abbildungen stammen von Fotolia. Dort wurden die entsprechenden Lizenzen erworben.